História &
Ensino de História

HISTÓRIA &... REFLEXÕES

Thais Nivia de Lima e Fonseca

História &
Ensino de História

4ª edição
2ª reimpressão

autêntica

Copyright © 2003 Thais Nivia de Lima e Fonseca
Copyright © 2003 Autêntica Editora

Todos os direitos reservados pela Autêntica Editora. Nenhuma parte desta publicação poderá ser reproduzida, seja por meios mecânicos, eletrônicos, seja via cópia xerográfica, sem a autorização prévia da Editora.

COORDENADORES DA COLEÇÃO
HISTÓRIA &... REFLEXÕES
Eduardo França Paiva
Carla Maria Junho Anastasia

EDITORA RESPONSÁVEL
Rejane Dias

EDITORA ASSISTENTE
Cecília Martins

REVISÃO
Ana Elisa Ribeiro

CAPA
Jairo Alvarenga Fonseca
(sobre foto de Thaís Nivia de Lima e Fonseca: "Ambientação de sala de aula de escola secundária da primeira metade do séc. XX, no Museu da Escola de Minas Gerais")

DIAGRAMAÇÃO
Waldênia Alvarenga

F676h   Fonseca, Thais Nivia de Lima e
          História & ensino de História / Thais Nivia de Lima e Fonseca.
          — 4. ed.; 2. reimp. — Belo Horizonte: Autêntica Editora, 2017.

          136 p. – (História &... Reflexões, 6)
          ISBN 978-85-8217-787-7

          1.História-estudo e ensino. I.Título. II.Série.

                                                          CDU 930.1

Catalogação da Fonte: Biblioteca da FaE/UFMG

Belo Horizonte
Rua Carlos Turner, 420
Silveira . 31140-520
Belo Horizonte . MG
Tel.: (55 31) 3465 4500

São Paulo
Av. Paulista, 2.073,
Conjunto Nacional, Horsa I
23º andar . Conj. 2310-2312
Cerqueira César . 01311-940
São Paulo . SP
Tel.: (55 11) 3034 4468

Rio de Janeiro
Rua Debret, 23, sala 401
Centro . 20030-080
Rio de Janeiro . RJ
Tel.: (55 21) 3179 1975

www.grupoautentica.com.br

SUMÁRIO

Introdução.. 7

Capítulo I
A história do ensino de História:
objeto, fontes e historiografia... 15
    A história das disciplinas escolares... 15
    A História como disciplina escolar... 20
    A história do ensino de História... 25

Capítulo II
A história do ensino de História no Brasil: tendências.......... 29

Capítulo III
Exaltar a pátria ou formar o cidadão.................................... 41
    A História como disciplina escolar no Brasil........................... 41
    Política, cultura e o ensino de História.................................. 75

Capítulo IV
Procurando pistas, construindo conexões:
a difusão do conhecimento histórico.................................... 93

Encerrando... para começar.................................... 117

Fontes de pesquisa.. 119

Referências... 123

INTRODUÇÃO

Dos historiadores espera-se que conheçam bem a historiografia, os pressupostos teórico-metodológicos que orientam o seu trabalho, as técnicas de investigação, os procedimentos para o tratamento das fontes de pesquisa. Além de tudo isso, daqueles que são também professores de História, espera-se que conheçam os conteúdos, as práticas pedagógicas e os procedimentos didáticos. No entanto, não é usual esperar que eles conheçam, também, a história da disciplina que pesquisam ou que ensinam. Seria, porém, desejável que isso ocorresse. O estudo da história do ensino de História pode esclarecer muito mais do que se imagina sobre as questões que envolvem o trabalho de historiadores e de professores, questões que vêm se acumulando nos cantos das salas de aulas, que atropelam o caminho desses profissionais e que nem sempre podem ser respondidas pela observação direta e pela reflexão sobre o fazer cotidiano. Pensar o ensino de História na sua historicidade significa buscar, se não soluções definitivas, ao menos uma compreensão mais clara sobre o que significa, hoje, ensinar História nas escolas.

Assim pensei este livro, um exercício reflexivo sobre a trajetória do ensino de História ao longo do tempo, no Brasil, e sobre suas múltiplas faces, expressão da complexidade que o envolve desde que a História tornou-se disciplina escolar. Um exercício que possa contribuir para as reflexões próprias de cada um dos leitores professores e que possa indicar rumos para aqueles que desejam pesquisar sobre este tema. Uma tentativa, enfim, de ajudá-los a conhecer um pouco mais sobre o seu próprio campo de trabalho.

A história do ensino vem, há muito, constituindo-se como importante tema de estudos no campo da História da Educação, estando, muitas vezes, próxima da história do currículo e da história das disciplinas escolares. Os estudos nesses campos têm privilegiado os processos de elaboração de currículos, de construção de procedimentos metodológicos e da definição de políticas voltadas para o ensino de determinadas disciplinas nas escolas, desde os níveis elementares até os níveis superiores de escolarização.

Noutra direção, as preocupações dos historiadores do ensino têm se voltado para as práticas que o envolvem historicamente, atentando para sua inserção no cotidiano escolar, suas relações com o imaginário, suas múltiplas formas de apropriação na escola e suas relações com outras instâncias de circulação e difusão de saberes, como os meios de comunicação de massa e as artes, por exemplo. Percebe-se, portanto, um deslocamento do foco de análise em função das aproximações da história do ensino com outros campos da pesquisa histórica, sobretudo a História Cultural e a História Política.[1]

A proximidade entre a história do ensino e a história das disciplinas escolares pode ser explicada pela privilegiada preocupação dos pesquisadores com a investigação dos processos de constituição de diversos saberes em disciplinas escolares e de como seu ensino tem sido organizado e praticado ao longo do tempo. A análise da escolarização desses saberes implica, pois, essas duas dimensões. A discussão a respeito das características da investigação sobre o ensino e sobre as disciplinas escolares tem levado muitos autores a entender que a história destas últimas seria uma parte do campo da história do ensino. Mais abrangente, ela dedica-se ao estudo de razoável diversi-

---

[1] Ver: FONSECA, Thais Nivia de Lima; VEIGA, Cynthia Greive (Orgs.). *História e Historiografia da Educação no Brasil*. Belo Horizonte: Autêntica, 2003.

dade temática, como as instituições escolares; as relações entre as propostas de ensino e as políticas públicas; os sistemas de avaliação; os métodos de ensino; os materiais didáticos; as formulações curriculares e suas implicações políticas e ideológicas; os conteúdos ensinados e suas formas de apropriação. A história das disciplinas escolares estaria, assim, no interior daquele campo, identificada aos conteúdos e às suas múltiplas possibilidades de articulação.

Nota-se uma grande incidência de pesquisas que, tendo o ensino como eixo, analisam-no nos quadros de determinados campos do conhecimento, tornados saberes escolares no processo de escolarização. Exemplo disso são os numerosos trabalhos sobre os ensinos de História, Geografia, Ciências, Educação Física, das "primeiras letras", de línguas, etc., realizados tanto numa perspectiva essencialmente histórica, isto é, sua análise numa dada temporalidade, quanto na perspectiva sociológica, que vê o ensino nos quadros das relações socioculturais.

As disciplinas escolares têm sido estudadas no seu processo de constituição e de consolidação, no qual saberes antes restritos ao âmbito da produção científica, ou próprios de outras dimensões da vida social – como a profissional, por exemplo –, acabam por tornar-se saberes escolares, constituindo conjuntos organizados de conhecimentos, apropriados para a escola, tornando-se, assim, disciplinas escolares. Nessa perspectiva, elas podem ser compreendidas tanto em seu processo de construção no tempo, como em suas relações com a produção do saber científico, com os interesses políticos do Estado ou de grupos específicos da sociedade, com os mecanismos de divulgação e vulgarização do saber, com as influências de universos culturais específicos nos quais se produziram ou nos quais atuam e, é claro, com as práticas que as envolvem no universo escolar propriamente dito.

A história do ensino, entendida dessa forma plural, ancorou-se primeiramente numa tradição dedicada a analisar a escola em sua relação com os aspectos econômicos, políticos e ideológicos, concentrando-se numa perspectiva que, sustentada no marxismo, a entendia essencialmente como reprodutora e reforçadora das desigualdades sociais e da ideologia dominante. Os elementos de análise consistiam, então, nas políticas educacionais e nas formulações oficiais, concentrando-se o foco nas concepções políticas e ideológicas acerca da escola e, no limite, da própria educação. Assim entendida, a história do ensino pouco ou nada considerava o interior da própria escola e os seus processos educativos, ligados a todo um universo de relações de variada natureza estabelecidas entre os sujeitos neles envolvidos. Negligenciados, o cotidiano e a cultura escolares não puderam ser desvendados apropriadamente durante muito tempo, deixando-se, com isso, de enriquecer o conhecimento sobre a história, não apenas do ensino, mas da própria instituição escolar.

Esse comportamento da historiografia da educação pode ser observado em vários países, sobretudo entre as décadas de 1960 e 1980. No Brasil, ela foi ainda marcada por acentuada ideologização, em conjunturas políticas de grande importância, sem dúvida, para o debate sobre a educação em geral e sobre a escola em particular, como aquelas que envolveram o Regime Militar e o processo de redemocratização. Não deixa, também, de haver uma coincidência com o movimento mais geral da historiografia brasileira, que só começou a repensar seus objetos e perspectivas interpretativas em meados da década de 1980, sob a influência dos movimentos historiográficos internacionais, principalmente da História Cultural.

A história das disciplinas escolares não escapou a esses mesmos movimentos e apresentou, ao longo dos anos, algumas tendências mais ou menos evidentes. Uma delas, já tradicional, ancorada na Sociologia da Educação, é a que analisa as disciplinas escolares como conjuntos simplificados – e muitas vezes distorcidos – de conhecimentos científicos, adaptados por meio

Introdução

de uma série de mecanismos de "transposição didática" para o ensino dos níveis fundamentais de escolarização.[2] Dessa forma, as disciplinas escolares seriam simplesmente instrumentos de vulgarização de saberes mais elaborados. Muitos estudos, partindo dessa perspectiva, acabaram por entender que, ao se constituírem, as disciplinas escolares estariam adquirindo um outro estatuto, distinto do conjunto de saberes que lhes teria dado origem. Isso significa dizer, por exemplo, que a gramática ensinada nas escolas teria uma estrutura que lhe seria específica, pois no processo de sua constituição em disciplina escolar ela teria se formado com características próprias, com elementos muitas vezes distintos daqueles que marcam sua face acadêmica. Assim, o conteúdo e as normas de estudo da gramática escolar seriam muito diferentes da gramática estudada pelos especialistas acadêmicos. Por isso, para muitos pesquisadores, essa distinção não poderia ser explicada simplesmente por um movimento de desvirtuamento ou de simplificação do corpo original de saberes.

André Chervel,[3] em seu estudo já clássico, insiste em que elas são "criações espontâneas e originais do sistema escolar", estando longe de ser apenas o resultado de uma transposição do conhecimento científico. Portanto, seu estudo teria que levar em conta as práticas docentes e discentes, as finalidades de constituição dessas disciplinas e os fenômenos culturais a elas relacionados. Embora atento para os contextos de constituição das disciplinas escolares, Chervel enfatiza a necessidade de sua análise como elemento autônomo no interior da cultura escolar, como o caminho mais eficaz para se compreender sua estrutura, suas características e suas funções para além de um papel

---

[2] Análise conceitual clássica de transposição didática está em: FORQUIN, Jean-Claude. Saberes escolares, imperativos didáticos e dinâmicas sociais. *Teoria & Educação*, n. 5, 1992; FORQUIN, Jean-Claude. *Escola e cultura: as bases sociais e epistemológicas do conhecimento escolar*. Porto Alegre: Artes Médicas, 1993.

[3] CHERVEL, André. História das disciplinas escolares: reflexões sobre um campo de pesquisa. *Teoria & Educação*, n. 2, 1990. p. 184.

puramente redutor e reprodutivista. No entanto, uma ênfase muito acentuada nesta autonomia pode, a meu ver, levar ao risco de minimização das relações "externas", como as conjunturas políticas, os embates ideológicos e as ingerências de caráter cultural mais amplo. Desta forma, mesmo seguindo a linha sugerida por Chervel, muitos autores têm conduzido seus estudos sobre o tema, procurando considerar as múltiplas relações possíveis, sobretudo em sua dimensão cultural, em conjunturas históricas específicas.

Neste livro, ao colocar em foco o ensino de História em sua dimensão histórica, privilegiei algumas das perspectivas mencionadas, tendo na disciplina escolar e no seu ensino o eixo de análise. Por isso o ensino de História é aqui considerado no contexto de um processo mais sedimentado de escolarização, já a partir da segunda metade do século XIX, quando tanto a disciplina escolar quanto o campo da investigação histórica adquirem estatutos mais bem-definidos e estrutura mais elaborada. O leitor verá que a história do ensino de História e a história da disciplina escolar História se cruzam, entrecortadas pelos debates político e historiográfico e pela produção de material didático, sobretudo os livros escolares.

Ao escrever este livro tive em mente as dificuldades que se apresentam aos professores e estudantes de cursos de graduação e mesmo de pós-graduação, no que se refere à carência de textos indicadores de direções para leitura e reflexões acerca do ensino de História. Por isso julguei fundamental empreender o esforço de garimpagem da produção sobre o tema e de sua análise, mesmo que ligeira. Ao fazê-lo, surpreendi-me ao perceber estar refazendo muitos de meus próprios passos como professora e pesquisadora de História, sistematizando questões há muito enfrentadas, tanto nas salas de aula quanto nos arquivos e bibliotecas. Creio que este livro, para mim e para tantos outros, poderá representar o preenchimento de uma importante lacuna nos trabalhos sobre a História do ensino de História e da História da Educação.

Se este esforço valeu a pena, não posso deixar de agradecer a Carla Maria Junho Anastasia e a Eduardo França Paiva, coordenadores da coleção, pelo convite desafiador para escrever este livro. E de ser também grata a meus amigos e companheiros de trabalho, Cynthia Greive Veiga, Luciano Mendes de Faria Filho e Lana Mara de Castro Siman, por tantas conversas igualmente desafiadoras sobre a História da Educação e o ensino de História. Nesta edição revista contei com a preciosa colaboração de Rodrigo de Almeida Ferreira e Rafaela Paiva Costa, que fizeram comigo seus estudos de doutorado e trilharam caminhos originais de reflexão sobre a história do ensino de História, ajudando a ampliar o debate travado neste livro. Ambos participaram da reescrita de dois capítulos. Rafaela colaborou na verticalização da discussão historiográfica no campo do ensino de História realizada no segundo capítulo, e Rodrigo contribuiu para o enriquecimento das reflexões sobre a difusão do conhecimento para além dos espaços escolares, tema do quarto capítulo. Agradeço a eles o entusiasmo e a disposição.

CAPÍTULO I......

A história do ensino de História: objeto, fontes e historiografia

A história das disciplinas escolares

A busca por uma definição de disciplina escolar é um passo importante na elaboração de uma análise da construção da História como disciplina na escola. Neste ponto, é necessário concordar com Dominique Julia,[4] quando afirma que entre os riscos presentes no estudo das disciplinas escolares, está a busca de "genealogias enganosas", identificando o ensino de determinados conjuntos de saberes como disciplinas, quando ainda não estavam estabelecidos com esse estatuto. O fato, por exemplo, de os jesuítas ensinarem temas de História em suas escolas nos séculos XVII e XVIII não significa que este conhecimento já estivesse organizado como disciplina escolar, segundo a definição contemporânea que dela temos. A designação utilizada atualmente define como disciplina escolar o conjunto de conhecimentos identificado por um título ou rubrica e dotado de organização própria para o estudo escolar, com finalidades específicas ao conteúdo de que trata e formas próprias para sua apresentação.

Concebidas dessa forma, as disciplinas escolares surgem do interesse de grupos e de instituições, como os agrupamentos profissionais, científicos e religiosos, mas sobretudo da Igreja e do Estado, o que nos leva a situar, no final da Idade Média, a

---

[4] JULIA, Dominique. Disciplinas escolares: objetivos, ensino e apropriação. In: LOPES, Alice Casimiro; MACEDO, Elizabeth (Orgs.). *Disciplinas e integração curricular: história e políticas*. Rio de Janeiro: DP&A, 2002. p. 44-45.

organização dos primeiros conjuntos de saberes que se constituiriam como disciplinas escolares. Algumas situações são particularmente interessantes, como aquelas nas quais saberes provenientes de culturas profissionais específicas – como a dos clérigos, dos mercadores, dos banqueiros, dos artesãos – tornaram-se, progressivamente, saberes úteis ao processo de escolarização, acabando por constituir-se em disciplinas escolares. É o caso de técnicas de escrita e de leitura, do cálculo, das línguas vulgares e mesmo da História e da Geografia.[5] Na produção sobre a história das disciplinas escolares, muitas são as referências de análise, mas duas são particularmente influentes no conjunto: a Sociologia dos saberes escolares e a História Cultural. Apresentarei brevemente seus principais pressupostos, antes de me concentrar na análise sobre a História como disciplina escolar.

Após a Segunda Guerra Mundial, a ampliação significativa do acesso da população ao sistema educacional – sobretudo naqueles países onde se instalou o *welfare state* – estimulou o desenvolvimento de pesquisas sobre as relações entre a escola e a sociedade, no campo da Sociologia. No entanto, a ampliação do acesso à educação evidenciou também as contradições das políticas educacionais que se apresentavam como criadoras de igualdade de oportunidades, via escola, para todas as categorias sociais. As pesquisas demonstravam que a escola gerava desigualdades, oferecendo aos pesquisadores os elementos para o desenvolvimento de uma análise sociológica da educação que buscasse as razões dessa situação.[6]

---

[5] Sobre estes processos mais gerais, ver: HÉBRARD, Jean. A escolarização dos saberes elementares na época moderna. *Teoria & Educação*, n. 2, 1990, p. 65-110; LE GOFF, Jacques. *Mercadores e banqueiros da Idade Média*. São Paulo: Martins Fontes, 1991; CAMBI, Franco. *História da Pedagogia*. São Paulo: Ed. da UNESP. 1999; LEBRUN, François et al. *Histoire de l'enseignement et de l'éducation (1480-1789)*. Paris: Éditions Perrin, 1981; GIOLITTO, Pierre. *Histoire de l'école*. Paris: Éditions Imago, 2003.

[6] NOGUEIRA, Maria Alice. A Sociologia da Educação no final dos anos 60/ início dos anos 70: o nascimento do paradigma da reprodução. *Em Aberto*. Brasília, ano 9, n. 46, abr./jun. 1990.

A história do ensino de História: objeto, fontes e historiografia

Esses estudos, no entanto, situados sobretudo no campo da estratificação e das relações entre mobilidade social e educação, deixaram de lado aspectos importantes do fenômeno educativo, tais como os conteúdos de ensino, os sistemas de avaliação, as práticas pedagógicas. Não obstante, os grandes debates que se travaram em torno da questão das desigualdades educacionais criaram, a partir dos anos 1960, condições para o desenvolvimento do chamado "paradigma da reprodução", que teve significativa influência nas pesquisas em educação. Essas teorias da reprodução, fortemente influenciadas pelo estruturalismo das décadas de 1960 e 1970, negavam à escola o papel de corretora das desigualdades, reconhecendo nela a função de perpetuadora das mesmas.

O aprofundamento dos estudos sociológicos, a partir da década de 1970, levou à discussão sobre o conhecimento escolar, suas bases sociais, sua transmissão pela escola e suas relações com a sociedade. Nessa perspectiva, foi de fundamental importância o enfoque voltado para a questão do processo pelo qual um determinado conhecimento se escolariza, isto é, se transforma em conhecimento escolar. Esse foi o campo privilegiado da "Sociologia dos saberes escolares", que considera esses saberes como produto de uma seleção cultural, correspondendo também a estruturas e valores sociais determinados. Cada sociedade teria, portanto, seus próprios referenciais para determinar que conhecimentos poderiam ou não, deveriam ou não ser eleitos para fazer parte do conjunto dos saberes a serem transmitidos pela escola. Esses saberes e a constituição das disciplinas escolares que a eles correspondem estariam ligados, assim, a condicionantes sociais, não somente em sua elaboração como em sua aplicação pedagógica, considerando os grupos que os concebem e para os quais os concebem.[7]

---

[7] FORQUIN, Jean-Claude. Saberes escolares, imperativos didáticos e dinâmicas sociais. *Teoria & Educação*. n. 5, 1992.

Além da seleção cultural dos saberes, a educação escolar realizaria também um trabalho de "adaptação", para que eles se tornassem transmissíveis e assimiláveis no espaço da escola e da sala de aula, processo denominado "transposição didática", ou seja, o trabalho de reorganização e de reestruturação do conhecimento, por meio de dispositivos mediadores, a fim de tornar assimilável, pelo público escolar, o conhecimento produzido em outras instâncias, tais como a universidade e os centros de pesquisa científica. Ao lado dos dispositivos mediadores da transposição seria possível identificar outros, ligados ao que se denominam "imperativos de interiorização", ou seja, meios pelos quais se tornaria efetiva a incorporação, a aprendizagem propriamente dita do saber pelo aluno.[8] Essas pesquisas e proposições conceituais exerceram grande influência nos estudos sobre as disciplinas escolares, uma vez que forneciam subsídios para a compreensão dos seus processos de constituição, suas relações com as hierarquias sociais e com a cultura, seus mecanismos de funcionamento.

Do ponto de vista historiográfico, os trabalhos sobre as disciplinas escolares dedicaram-se, sobretudo até a década de 1970, ao estudo da instituição escolar, das políticas educacionais e do pensamento pedagógico como contextos explicativos para os conteúdos ensinados nas escolas e para as metodologias aplicadas a este ensino. Sem outros recortes que não as instâncias oficiais e formais de escolarização, esses estudos viam as disciplinas escolares nos quadros das formulações curriculares, em função de pressupostos pedagógicos ou de políticas públicas, sem o estabelecimento de outras relações. Essa forma de abordagem da história das disciplinas e do ensino mostrava, de fato, sua vinculação com uma tradição historiográfica que via o Estado como o centro do processo histórico e, evidentemente, privilegiava fontes que a ele estivessem ligadas, como os projetos educacionais e a legislação, por exemplo.

---

[8] FORQUIN, Jean-Claude. Saberes escolares, imperativos didáticos e dinâmicas sociais. *Teoria & Educação*. n. 5, 1992.

Essa perspectiva não considerou um processo mais amplo no qual as disciplinas escolares estivessem envolvidas, desde a sua constituição formal até suas apropriações no espaço escolar. Tendo em vista essas dimensões, os estudos sobre o ensino e as disciplinas escolares começaram, na Europa, a partir do final da década de 1970, a buscar na História Cultural referenciais de análise que dessem conta da complexidade desses processos. Essa tendência da historiografia já fazia avançar os estudos de temas que se inscreviam, tradicionalmente, no campo da História da Educação, como a história da leitura, por exemplo. A preocupação dos pesquisadores da História da Educação com o estudo das práticas escolares mostrou a grande influência exercida pelas análises de Roger Chartier sobre as representações e a história do livro e da leitura, e de estudos mais pontuais, como os já mencionados, de Jean Hébrard e de André Chervel, voltados para os saberes e seus processos de escolarização.

As análises tradicionais, portanto, não explicavam sozinhas de que forma a cultura poderia interferir ou interagir na definição dos conteúdos a serem ensinados, em seus objetivos e em seus métodos e, menos ainda, as múltiplas formas de apropriação possíveis, pelos diversos sujeitos envolvidos, desse conjunto que constitui as disciplinas escolares. Uma questão importante que se apresentou, então, foi a das práticas escolares, vistas como práticas culturais. André Chervel, no artigo já citado, chamava a atenção para essa questão. Segundo ele,

> o ensino escolar é esta parte da disciplina que põe em ação as finalidades impostas à escola, e provoca aculturação conveniente. A descrição de uma disciplina não deveria então se limitar à apresentação dos conteúdos de ensino, os quais são apenas meios utilizados para alcançar um fim. Permanece o fato de que o estudo dos ensinos *efetivamente* dispensados é a tarefa essencial do historiador das disciplinas.[9]

---

[9] CHERVEL, André. História das disciplinas escolares: reflexões sobre um campo de pesquisa. *Teoria & Educação*, n. 2, 1990. p. 192. (Grifo meu.)

COLEÇÃO "HISTÓRIA &... REFLEXÕES"

Neste sentido é que Chervel atribuiu à escola uma posição privilegiada no estudo da história das disciplinas escolares, uma vez que ela teria papel criativo no âmbito das apropriações e das práticas que as envolvem no cotidiano escolar. As construções processadas por professores e alunos sobre conteúdos e métodos das disciplinas escolares são importantes como objeto de investigação, inclusive quanto aos objetivos políticos e institucionais de sua constituição. Estudos que partam de outras dimensões históricas da educação e das disciplinas escolares em particular não se restringem, assim, às esferas institucionais e formais – políticas públicas, propostas pedagógicas, formulações curriculares oficiais, entre outras –, atentando para o cotidiano escolar e para a multiplicidade de suas práticas culturais.

Fica claro que, em consonância com as tendências historiográficas contemporâneas, a história das disciplinas escolares tenha que apurar seus instrumentos conceituais e ampliar seu espectro de fontes, rompendo a barreira do convencionalismo e do oficialismo. Por isso, ela tem sido vista como um dos campos mais promissores da História da Educação, aquele que tem procurado preencher a lacuna relativa à cultura escolar e às práticas culturais no interior da escola. Segundo Dominique Julia, a história das disciplinas escolares

> tenta identificar, tanto através das práticas de ensino utilizadas na sala de aula como através dos grandes objetivos que presidiram a constituição das disciplinas, o núcleo duro que pode constituir uma história renovada da educação.[10]

A História como disciplina escolar

As características do conjunto de conhecimentos definidos como História, no universo escolar, nem sempre foram as

---

[10] JULIA, Dominique. A cultura escolar como objeto histórico. *Revista Brasileira de História da Educação*. Campinas, SP: Sociedade Brasileira de História da Educação: Autores Associados, n. 1, jan./jun. 2001. p. 13

mesmas nem se mantiveram fiéis a uma estrutura de organização semelhante à que conhecemos hoje para as disciplinas escolares. Na verdade, o próprio estatuto da História enquanto campo do conhecimento mudou com o tempo, conforme suas relações com o debate científico de uma forma geral e com as ciências humanas em particular. A rigor, somente a partir do século XVIII é que a História começou a adquirir contornos mais precisos, como saber objetivamente elaborado e teoricamente fundamentado.

Da Idade Média ao século XVII predominou uma história apoiada na religião e marcada por uma concepção providencialista, segundo a qual o curso da história humana definia-se pela intervenção divina. A afirmação do Estado-nação desviou, pouco a pouco, os objetivos do conhecimento histórico para o pragmatismo da política, servindo, cada vez mais, à educação dos príncipes e à legitimação do poder. O discurso historiográfico foi deixando de lado a genealogia eclesiástica para se fixar na genealogia de dinastias e de nações, traço que manteve forte até o início do século XX.

Subordinada, durante muito tempo, à teologia e à filosofia, somente no oitocentos a História alcançou estatuto científico, com procedimentos metodológicos guiadores da investigação, com objetivos definidos, levando a um maior apuramento a erudição herdada dos séculos XVII e XVIII. Sua afirmação científica se fez, portanto, no momento em que as ciências de uma forma geral alçavam posições mais sólidas e reconhecidas, chegando, ao final do século XIX, a fundamentar-se no positivismo e no marxismo.

A trajetória da História ensinada nas escolas não corresponde, necessariamente, à da História como campo do conhecimento, mesmo porque, durante muito tempo – da Idade Média ao século XIX –, parte dela confundiu-se com a história sagrada, isto é, com a história bíblica, que era ensinada nas escolas onde a influência de igrejas cristãs era significativa. A história "profana", principalmente sobre a Antiguidade, chegava a aparecer, por meio de textos clássicos, no elenco dos conhecimentos incluídos no estudo do latim ou mesmo da Teologia. Como conteúdo destinado ao ensino, a História ganharia importância a partir dos tempos modernos, para a formação das elites, sobretudo dos herdeiros dos tronos europeus. Em outras instâncias, os colégios jesuítas já apresentavam temas de História em seus currículos, mas que de forma alguma integravam um conjunto organizado de saberes e de procedimentos que poderia ser denominado de disciplina escolar.

No século XVIII, as preocupações ilustradas com a educação levaram a que vários conteúdos fossem introduzidos no elenco das matérias escolares, no contexto do reformismo inspirado pelo Iluminismo. Parte das reformas realizadas em vários países europeus relacionava-se com a retração da presença da Igreja católica no sistema de ensino, motivada, principalmente, pela expulsão da Companhia de Jesus. Uma rejeição, mesmo que parcial, aos currículos desenvolvidos pelos jesuítas implicou sua substituição por outros que, considerados mais realistas e pragmáticos, contemplassem a ciência moderna, as línguas nacionais e os conhecimentos históricos e geográficos. A crítica aos modelos educativos marcados pela influência da Igreja coadunava-se aos princípios laicizantes das propostas iluministas e seus modelos para a educação pautavam-se na perspectiva de uma formação para o progresso humano.[11]

A História, ainda não constituída como disciplina escolar e ainda não totalmente desvencilhada do sentido providencialista, passaria a ser ensinada, desde o final do Antigo Regime, com o intuito de explicar a origem das nações. Sob a influência do Iluminismo, seria cada vez menos a história sagrada e cada vez mais a história da humanidade, mas "como disciplina

---

[11] Ver: FURET, François. O nascimento da história. In: *A oficina da história*. Lisboa: Gradiva, [S/d]; ROGGERO, Marina. Éducation. In: FERRONE, Vincenzo; ROCHE, Daniel (Dir.). *Le monde des lumières*. Paris: Fayard, 1999; BOTO, Carlota. *A escola do homem novo: entre o iluminismo e a Revolução Francesa*. São Paulo: Ed. da UNESP, 1996.

A história do ensino de História: objeto, fontes e historiografia

ensinável, a história é a maior parte das vezes um passageiro clandestino nos programas oficiais, oferece mais temas para dissertações do que matéria que se baste a si própria".[12]

Não obstante a educação tenha se tornado tema de grande relevância no período da Revolução Francesa – com a produção de nova legislação educacional e a definição dos pressupostos de formação do novo cidadão –, a História ainda continuaria como elemento secundário nos currículos escolares, como "complemento dos estudos clássicos e da aprendizagem do latim".[13] Acoplada às concepções universalistas dos iluministas, ela constituía, na França revolucionária, instrumento de referência para a reflexão sobre as civilizações e sobre o progresso da humanidade. A pedagogia revolucionária, no entanto, apostava muito mais nas festas cívicas e nas celebrações da memória da Revolução do que na eficácia do estudo do passado nacional, como ocorreria, efetivamente, a partir do século XIX.[14]

Ainda no início do oitocentos, em vários países europeus, a educação passou a ser vista como competência do Estado, no mínimo quanto à definição dos seus objetivos e ao controle das ações a ela relacionadas. A organização dos sistemas de ensino públicos variou conforme as conjunturas nacionais, mas pode-se dizer que, em comum, havia a preocupação com a formação de um cidadão adequado ao sistema social e econômico transformado pela consolidação do capitalismo e com o fortalecimento das identidades nacionais. Foi também nesse momento que a História, como campo de conhecimen-

---

[12] FURET, François. O nascimento da história. In: *A oficina da história*. Lisboa: Gradiva, [S/d], p. 8.

[13] FURET, François. O nascimento da história. In: *A oficina da história*. Lisboa: Gradiva, [S/d], p. 9.

[14] Sobre a "pedagogia revolucionária", ver: BOTO, Carlota. *A escola do homem novo: entre o iluminismo e a Revolução Francesa*. São Paulo: Ed. da UNESP, 1996; CONDORCET, Jean-Antoine Nicolas de Caritat (1743-1794). *Cinco memórias sobre a instrução pública*. São Paulo: Ed. da UNESP, 2008; LOPES, Eliane Marta Teixeira. *As origens da educação pública. A instrução na Revolução Burguesa do século XVIII*. Belo Horizonte: Argvumetvm, 2008.

to, começou a apresentar maior sistematização em termos da investigação e de seus métodos, procurando o equilíbrio entre as dimensões erudita e filosófica. Concordando com François Furet, foi somente com esse processo, passo importante para a constituição da História científica, que foi possível a sua escolarização, isto é, sua transformação em disciplina escolar.[15]

A afirmação das identidades nacionais e a legitimação dos poderes políticos identificados em grande parte ao pensamento liberal fizeram com que a História ocupasse posição central no conjunto de disciplinas escolares, pois cabia-lhe apresentar às crianças e aos jovens o passado glorioso da nação e os feitos dos grandes vultos da pátria. Esses eram os objetivos da historiografia comprometida com o Estado e sua produção alcançava os bancos das escolas por meio dos programas oficiais e dos livros didáticos, elaborados sob estreito controle dos detentores do poder. Isso ocorreu na Europa e também na América, onde os países recém-emancipados necessitavam da construção de um passado comum e onde os grupos que encabeçaram os processos de independência lutavam por sua legitimação. Casos conhecidos são, por exemplo, os da Argentina e do México, onde as lutas pela hegemonia política implicaram também lutas pelo controle sobre a produção historiográfica e sobre o ensino de História, e do Brasil, sobretudo depois da fundação do Instituto Histórico e Geográfico Brasileiro, do qual falarei mais adiante.[16]

Assim, ao longo do século XIX, a questão do método dizia respeito não apenas à investigação histórica propriamente

---

[15] FURET, François. O nascimento da história. In: *A oficina da história*. Lisboa: Gradiva, [S/d], p. 12-16.

[16] Sobre a Argentina e o México, ver, respectivamente: QUATTROCCHI-WOISSON, Diana. *Un nationalisme de déracinés: L'Argentine, pays malade de sa mémoire.* Paris: Éditions du CNRS, 1992; BONETT, Margarita Moreno. Del catecismo religioso al catecismo civil: la educación como derecho del hombre. In: LORA, Maria Esther Aguirre (Org.). *Rostros históricos de la educación: miradas, estilos, recuerdos.* México, D.F: Centro de Estudios sobre la Universidad de la UNAM/ Fondo de Cultura Económica, 2001; FRANCO, Stella Maris Scatena. *Luzes e sombras na construção da nação argentina: os manuais de História nacional (1868-1912).* Bragança Paulista, SP: EDUSF, 2003.

A história do ensino de História: objeto, fontes e historiografia

dita – a objetividade, as técnicas, a crítica documental –, mas também ao ensino de História nas escolas primárias e secundárias, que deveria obedecer a procedimentos específicos, como a adequação de linguagem, a definição de prioridades em termos de conteúdo, a utilização de imagens úteis à compreensão da história da nação.[17] É somente a partir daí que a História como disciplina escolar se constituiu, fortemente marcada por uma perspectiva nacionalista, servindo aos interesses políticos do Estado, mas carregando também elementos culturais essenciais que, incorporados, garantiam a consolidação dos laços entre parcelas significativas das populações, no processo de construção das identidades nacionais coletivas.

A história do ensino de História

Assim como a história do ensino tem sido um campo cada vez mais crescente no âmbito da História da Educação, incorporando "as reflexões realizadas pelas tendências historiográficas contemporâneas, alargando as fontes e lançando novos olhares para os mesmos objetos e, em alguns casos, para as mesmas fontes",[18] a história do ensino de História tem avançado para além do exame formal de programas, conteúdos e currículos. Os trabalhos mais interessantes têm partido, em geral, do estudo da História como disciplina escolar para analisar algumas dimensões do seu ensino nas escolas primárias e secundárias, privilegiando, portanto, os séculos XIX e XX. Ainda assim, concentram-se na análise das relações entre os contextos políticos, da definição

---

[17] Ver: FURET, François. O nascimento da história. In: *A oficina da história*. Lisboa: Gradiva, [S/d]; BOURDÉ, Guy; MARTIN, Hervé. *As escolas históricas*. Lisboa: Publicações Europa-América, 1990; CITRON, Suzanne. *Ensinar a História hoje: a memória perdida e reencontrada*. Lisboa: Livros Horizonte, 1990; BITTENCOURT, Circe Maria Fernandes. *Ensino de História: fundamentos e métodos*. São Paulo: Cortez, 2004.

[18] LOPES, Eliane Marta Teixeira; GALVÃO, Ana Maria de Oliveira. *História da Educação*. Rio de Janeiro: DP&A, 2001. p. 51.

dos programas de ensino e da produção dos materiais didáticos, sobretudo dos livros escolares de História.

Nessa perspectiva, principalmente a partir da década de 1970, foram produzidos alguns trabalhos importantes, que acabaram por tornar-se referenciais para os estudos que se seguiram, pelas proposições que motivaram a análise daquelas relações. Indispensável é, pois, citar as reflexões propostas por autores como Pierre Nora, François Furet, Jacques Ozouf e Mona Ozouf, que demonstraram preocupação especial com o ensino de História na França a partir do século XVIII e, principalmente, no século XIX.[19] Esses autores enfocaram aspectos de grande importância para a compreensão da consolidação da História como disciplina escolar e de seu ensino como questão política relevante. O "caso" francês tornou-se exemplar ao deixar claras as vinculações entre o fortalecimento do Estado-nação, a construção e a consolidação de uma identidade nacional coletiva, a afirmação nacional perante outras nações, a legitimação de poderes constituídos e a História enquanto conhecimento social e culturalmente produzido e seu ensino nas escolas. As funções do ensino de História, as possibilidades de acentuação de funções morais e políticas para ele, as disputas pela memória nacional, sempre associadas à História da nação, foram alguns dos aspectos analisados por estudos dessa natureza.

As relações do ensino de História com outras dimensões, para além das questões historiográficas e metodológicas, vem recebendo a atenção dos pesquisadores como as práticas escolares presentes no ensino de História em diferentes níveis, a exemplo do que já ocorria no campo de investigação sobre os processos de aquisição da leitura e da escrita, sobre a história da

---

[19] Ver: FURET, François. O nascimento da história. In: *A oficina da história*. Lisboa: Gradiva, [S/d]; OZOUF, Jacques; OZOUF, Mona. "Le tour de la France par deux enfants": le petit livre rouge de la République. In: NORA, Pierre (Dir.). *Les lieux de mémoire*. Paris: Quarto/Gallimard, 1997; NORA, Pierre. Lavisse, instituteur national. In: NORA, Pierre (Dir.). *Les lieux de mémoire*. Paris: Quarto/Gallimard, 1997.

Educação Física, ou mesmo em outros temas ligados ao ensino, como as questões de gênero e a formação de professores. Mais recentemente vem avançando a reflexão sobre a circulação e as apropriações do conhecimento histórico nas escolas primária e secundária, atentando-se para as práticas cotidianas relativas ao ensino de História, inclusive suas manifestações fora do espaço escolar propriamente dito e suas implicações numa dimensão de longa duração.[20]

No conjunto, sobressaem os trabalhos sobre os currículos e sobre os livros didáticos, geralmente analisados em seus aspectos intrínsecos ou como produtos das elaborações políticas e ideológicas. Há interessantes análises sobre a vinculação entre o ensino de História e a produção historiográfica e estudos que procuram utilizar, além da análise textual, a leitura da iconografia como elemento fundante da construção do saber histórico escolar.[21]

Nesse sentido, os aportes teóricos que têm contribuído para o avanço da historiografia da educação – principalmente os da História Cultural – ainda têm sido pouco utilizados no

---

[20] Sobre essas possibilidades, ver: SIMAN, Lana Mara de Castro; FONSECA, Thais Nivia de Lima e (Orgs.). *Inaugurando a História e construindo a nação: discursos e imagens no ensino de História.* Belo Horizonte: Autêntica, 2001. Um relevante estudo foi feito em: FERREIRA, Rodrigo de Almeida. *Cinema, História Pública e Educação: Circularidade do conhecimento histórico em Xica da Silva (1976) e Chico Rei (1985).* Belo Horizonte: UFMG, 2014. Tese (Doutorado em Educação) – Programa de Pós-Graduação em Educação, Faculdade de Educação, Universidade Federal de Minas Gerais, Belo Horizonte, 2014.

[21] Sobre esta última questão, ver: FONSECA, Thais Nivia de Lima e. "Ver para compreender": arte, livro didático e a história da nação. In: SIMAN, Lana Mara de Castro & FONSECA, Thais Nivia de Lima e (Orgs.). *Inaugurando a História e construindo a nação: discursos e imagens no ensino de História.* Belo Horizonte: Autêntica, 2001; FELICE, Pamela Olivares. *Rapports "textes-images": quelques observations concenant des manuels d'Histoire du Chili.* Tours: CIREMIA/Universidad François Rabelais, 1999 (Mimeogr.); GAULUPEAU, Yves. L'histoire en images à l'école primaire: un exemple: La Révolution française dans les manuels élémentaires (1870-1970). *Histoire de l'Éducation.* Paris, n. 30, mai 1986; BITTENCOURT, Circe. Livros didáticos entre textos e imagens. In: BITTENCOURT, Circe (Org.). *O saber histórico na sala de aula.* São Paulo: Contexto, 1997.

campo do ensino de História, fora do âmbito do estudo das instituições escolares, dos currículos e dos livros didáticos. Em outro capítulo, comentarei algumas possibilidades de investigação considerando-se a questão da circulação e das apropriações do conhecimento histórico a partir da escola e de outras instâncias não escolares.

A história do ensino de História é um campo complexo, contém caminhos que se entrecortam, que se bifurcam, estando longe de circunscrever-se à formalidade dos programas curriculares e dos livros escolares. Suas múltiplas relações com as várias dimensões da sociedade, sua posição como instrumento científico, político, cultural, para diferentes grupos, indica a riqueza de possibilidades para o seu estudo e o quanto ainda há para investigar.

CAPÍTULO II.

A história do ensino de História no Brasil: tendências[22]

A análise da produção sobre o ensino de História no Brasil aponta, basicamente, para as mesmas tendências já comentadas no capítulo anterior, em relação a outros países. No entanto, são ainda relativamente poucos os estudos dedicados à história desse ensino, o que pode ser comprovado por uma rápida averiguação da produção realizada no Brasil nos últimos dez anos. Raramente trabalhos dessa natureza ultrapassam a marca de 18% do conjunto da produção sobre o ensino de História.

Esses dados mostram, por um lado, a ênfase posta nas questões mais imediatas relativas ao ensino de História, aquelas mais diretamente ligadas ao cotidiano da sala de aula e que merecem a atenção dos professores nele envolvidos e dos pesquisadores interessados. À primeira vista, a história do ensino da disciplina no Brasil não parece interessar, de forma especial, os professores, e poucos são os historiadores da educação que a ela se dedicam. Ainda assim, verifica-se que muitos trabalhos que propõem o estudo da história do ensino acabam, na verdade, por tratar das questões atinentes às práticas pedagógicas contemporâneas e aos seus autores, sem se caracterizar, todavia, como uma história do tempo presente, mas sim análises de metodologias de ensino, de programas curriculares ou de livros didáticos.

---

[22] Este capítulo foi escrito em coautoria com Rafaela Paiva Costa, a quem agradeço pela colaboração e parceria.

Qual o perfil da produção sobre a história do ensino de História? Que preocupações têm tido os pesquisadores nesse campo e que problematizações envolvem o estudo do ensino de História no Brasil? A resposta a algumas dessas indagações exige breve análise de conjunto da produção das últimas décadas, como dissertações de mestrado e teses de doutorado, livros e capítulos de livros, textos apresentados em eventos científicos nas áreas de História e de Educação, de forma geral, e de História da Educação, em particular. Esse foi o material utilizado para delinear o perfil da produção, tanto no que diz respeito aos temas privilegiados nesses estudos, quanto às fontes e aos períodos históricos mais visitados pelas investigações.[23]

Cerca de 66% dos estudos levantados até 2002 concentram-se nos temas dos currículos escolares e dos programas para o ensino de História, das práticas escolares no ensino de História e do livro didático de História, estando este último tema na liderança, com quase 40% dos trabalhos analisados. Dentro desses três temas, alguns subtemas se destacam, como a formação cívica e nacionalista no ensino de História e as relações entre esse ensino e a historiografia, ambos representando cerca de 33% dos trabalhos, e também a história das mulheres nos livros didáticos. Outros temas aparecem secundariamente,

---

[23] No levantamento realizado para as edições anteriores deste livro foram identificados 80 trabalhos produzidos entre 1988 e 2002, entre dissertações e teses, artigos em periódicos e textos apresentados em alguns congressos, como o Simpósio Nacional de História da Associação Nacional de História (ANPUH), o Encontro Regional de História da ANPUH-MG, a Reunião Anual da Associação Nacional de Pós-Graduação e Pesquisa em Educação (ANPED), o Congresso Brasileiro de História da Educação, o Congresso de Pesquisa e Ensino em História da Educação em Minas Gerais, o Congresso Luso-Brasileiro de História da Educação, o Seminário Nacional Perspectivas do Ensino de História. Na presente edição, considerou-se o mesmo tipo de material referente à produção desenvolvida a partir de 2003 até o momento. Trata-se de mais de 90 dissertações, teses, artigos, trabalhos em eventos científicos, livros e capítulos de livros produzidos na última década. As conclusões deles extraídas são apresentadas, de acordo com o caso, generalizadamente – quando não foram observadas alterações dos dados nos intervalos de tempo analisados –, ou demarcando diferenciações consideráveis no quadro desta produção mais atual do campo (2015).

A história do ensino de História no Brasil: tendências

como as práticas docentes, as linguagens no ensino de História, o ensino de História da Educação.

De lá pra cá esse número não sofreu grande alteração, uma vez que os três temas – currículo, práticas escolares e docentes, e livro didático – representam 68% da produção sobre a história do ensino de História. O livro didático também permaneceu na primeira posição, mesmo que reduzido a 31% dos estudos levantados. Por outro lado, chamou a atenção a quantidade de trabalhos que, na última década, se debruçaram sobre a história do ensino diretamente relacionada à construção da História como disciplina escolar no Brasil, ainda que, no campo da história das disciplinas escolares, esse não seja um objeto de pesquisa inédito. 26% das teses, dissertações, artigos acadêmicos e trabalhos divulgados em eventos científicos verificados explicitaram esta vinculação na composição do próprio objeto de pesquisa.

Outros temas articulados à trajetória do ensino da disciplina, explorados em menor grau pela produção mais recente, foram a formação dos professores de História, as reformas educacionais e a historiografia ou o saber histórico acadêmico, cada um com pouco mais de 8% dos trabalhos. Verifica-se, ainda, que o saber histórico escolar como temática em si se fez notar na última década, presente em quase 14% desses estudos. Já o conhecimento histórico não escolar, isto é, a história difundida e assimilada socialmente em diversos espaços para além dos muros das escolas, ainda que modesto, merece ser mencionado em seus quase 7%. Esse é um dado diferenciado do que foi observado no período anterior, e que reverbera as expectativas expostas no levantamento realizado em 2002 a respeito da fértil possibilidade desse tipo de articulação.

Quanto aos recortes cronológicos, o período republicano domina inconteste, com cerca de 80% dos trabalhos produzidos entre 1988 e 2002, seguido pelo Império, com cerca de 20%. O período colonial não foi contemplado no levantamento realizado, nem naquele intervalo de tempo, nem no mais recente, até porque não se pode caracterizar a disciplina escolar História nesse momento da História da Educação no Brasil. Ainda assim, não ocorreram estudos que mencionassem os conteúdos de caráter histórico ministrados, por exemplo, no ensino jesuítico até o século XVIII. Os estudos consideram, portanto, o surgimento da disciplina escolar tal como tem sido definida pelos especialistas, ou seja, como o conjunto de conhecimentos dotado de organização própria para o estudo escolar, com finalidades específicas ao conteúdo de que trata e formas próprias para a apresentação desse conteúdo.

No interior da periodização tradicional da história brasileira, ainda naquele primeiro momento de produção analisado, apareceram privilegiados, em relação ao Império, a segunda metade do século XIX nos momentos finais do regime monárquico; e em relação à República, o período Vargas (1930-1945), seguido do período posterior à crise do Regime Militar (1980-1995) e da Primeira República (1889-1930). No conjunto, os recortes temporais mais contemplados foram o período Vargas e as décadas de 1980 e 1990.

A partir de 2003, é possível observar algumas mudanças suficientes para inverter esse quadro: os anos finais do período militar, mais do que ele como um todo, passaram a tomar a dianteira nessa produção em torno da história do ensino de História, devido ao interesse especial ligado à abertura política e às décadas que se seguiram, até o presente. Em valores absolutos, isto é, contando todos os trabalhos que tenham se dedicado aos anos do Regime Militar, mesmo que apenas em parte ou articulado ao período anterior ou posterior a ele, esse número chega a quase 36% da produção. Sobrepõe-se aos outros dois grandes intervalos políticos da história do Brasil republicano – a Primeira República e a Era Vargas – que, nas mesmas condições, alcançaram as marcas de 34% e 31,5%, respectivamente. Entre os dois, localiza-se o período após a redemocratização, contemplado em quase 33% dos estudos; já o período imperial foi terreno de apenas 15% deles.

Um importante indicador que despontou nesta produção mais recente sobre o tema foi a superação dos marcos políticos tradicionais da historiografia com a qual estes pesquisadores dialogam devido, possivelmente, ao movimento que, no campo da História da Educação, busca construir periodizações próprias à natureza de seus objetos. Apenas 12% dos trabalhos examinados ativeram-se a essas demarcações clássicas. A maior parte, quase metade deles, assentou suas pesquisas em zonas intermediárias, quer dizer, em mais de um desses blocos temporais. Esse foi o caso dos estudos já mencionados a respeito do fim da Ditadura Militar e dos anos que se seguiram, mas também de investigações que propuseram grandes intervalos de análise, inclusive de mais de um século. Entre essas duas situações, foi identificada, ainda, outra grande porção desta produção que, apesar de não se guiar estritamente pela demarcação política tradicional, a utiliza como referência e assenta os objetos de estudo no seu interior (37%).

Não obstante que a maioria dos trabalhos esteja no âmbito da história das disciplinas escolares, parte significativa, até 2003, não explica seus referenciais teórico-metodológicos nesse campo de pesquisa ou em outro campo historiográfico, não indicando terem utilizado os autores mais recorrentes, como André Chervel e Jean Hébrard para a história das disciplinas escolares ou Jean-Claude Forquin para a Sociologia e a história do currículo. Muitos trabalhos sobre os livros didáticos apoiam-se nos estudos de Roger Chartier sobre a história do livro e da leitura, ou em suas considerações sobre o conceito de representações, sobretudo quando se trata daqueles que têm na dimensão da formação cívica e nacionalista do livro didático o seu foco de interesse. Em mais da metade dos trabalhos analisados nesse primeiro intervalo temporal foram identificadas, nas características dos próprios textos, influências das bases referenciais da história das disciplinas escolares, muito embora seus autores não o tivessem explicitado. Assim, daqueles 80 trabalhos contemplados, cerca de 55% encontraram-se nessa situação, e somente 17% deixaram mais claras as suas referências de abordagem.

Na última década, esse cenário não foi alterado substancialmente. Autores como Roger Chartier, André Chervel, Dominique Julia e Jean-Claude Forquin continuam a aparecer como as principais referências teóricas dos trabalhos examinados para a utilização, agora mais explicitada, dos conceitos de representações sociais, práticas e apropriações, das Histórias do Livro e da Leitura, das Disciplinas Escolares, da Cultura e dos Saberes Escolares. Despontaram ainda entre eles as formulações de Ivor Goodson no tratamento da temática do currículo, inclusive em muitos estudos que não o tinham diretamente relacionado aos seus objetos de análise. Embora muitos autores identificados à História Cultural sejam relacionados nas referências bibliográficas – como Robert Darnton, Carlo Ginzburg, Jacques Revel, além do próprio Roger Chartier –, nem sempre ficam claras as implicações de sua suposta utilização no desenvolvimento da análise.

Disso decorre que, em muitos casos, os textos apresentam-se como simples explanações, como descrições comentadas sobre as principais características dos livros didáticos produzidos em determinada época, ou sobre as relações entre o ensino de História e a produção historiográfica. Certa pobreza teórico-metodológica indica uma característica marcante no campo da pesquisa educacional, que é a da preocupação com a possível aplicabilidade de estudos sobre o ensino na solução de problemas concretos da educação atual. Uma arraigada tradição na historiografia da educação entende a reflexão histórica como iluminação do passado sobre o presente, como lição para o futuro. Isso denota, por vezes, a falta de rigor historiográfico, sobretudo quando se trata de estudos realizados nos últimos trinta anos, depois da consolidação da tradição acadêmica nos estudos históricos, ciosa de solidez teórico-metodológica, o que não quer dizer que o mesmo não ocorra em outros campos da historiografia.

A história do ensino de História no Brasil: tendências

No âmbito dos estudos sobre o ensino de História, esses traços são ainda mais evidentes, principalmente quando detectamos, na maioria deles, a marca do pragmatismo imediatista, que acaba aceitando como análises científicas os relatos de experiências, sem levar em conta as formulações teóricas, a avaliação de resultados, a contextualização histórica. Assim, a ausência ou a fragilidade da problematização compromete a discussão de questões de grande relevância para a compreensão do processo de constituição da História como disciplina escolar no Brasil desde o século XIX, de seu ensino ao longo do tempo e de suas inúmeras relações, sobretudo com a política e com a cultura.

A maioria dos trabalhos levantados, produzidos entre 1988 e 2002, ao privilegiar os programas curriculares e o livro didático, procura analisá-los na perspectiva da utilização do ensino de História pelo Estado e pelas elites detentoras do poder e de como as formulações para essa disciplina estiveram associadas a ideologias ou a determinados programas políticos. As vinculações entre o ensino de História e a trajetória da historiografia também são contempladas, embora quase sempre em análises superficiais que procuram, não raro, pela oposição entre uma e outra. Assim, as principais fontes de pesquisa são os próprios programas curriculares e livros didáticos, bem como a legislação a eles atinente. Em alguns dos casos, que trataram de períodos mais recentes, fez-se uso também de depoimentos orais e da imprensa escrita.

Não se observaram alterações sensíveis quanto à natureza e ao tipo de abordagem no conjunto de fontes utilizadas pelas pesquisas nos trabalhos levantados para o período mais recente. A legislação educacional, por exemplo, aparece em destaque, presente em quase 59% das pesquisas verificadas, ao lado dos documentos institucionais de caráter escolar, em 52% dos trabalhos. Os livros didáticos também permanecem como carro-chefe entre as fontes, sendo ou não foco principal das investigações, identificado em 48% dos trabalhos.

Bem atrás dessas marcas, pode-se, no entanto, vislumbrar o crescimento da incorporação de materiais como periódicos educacionais (19%), jornais e revistas (16,5%), fontes já tradicionais na produção historiográfica. Depoimentos orais, por sua vez, produzidos por meio da metodologia da história oral somam 27% de presença nos estudos em história do ensino de História da última década, e estão naturalmente relacionados aos períodos mais recentes.

Os estudos de maior profundidade – geralmente dissertações e teses ou artigos delas derivados[24] – preocupam-se com o processo de constituição da disciplina escolar em sua relação com contextos históricos específicos, analisando-o com base em fundamentos explicativos mais bem definidos. É o caso de trabalhos que enfocam ideias políticas e ideologias, imaginário e representações, presentes na constituição histórica da História como disciplina escolar, além daqueles que percorrem o processo de construção da História como conjunto organizado de saberes para o seu estudo na escola, com todos os elementos que o conformam. É sobretudo nesses últimos casos que se verifica maior sintonia com as tendências da historiografia contemporânea e são, em geral, estudos relativos aos períodos considerados de maior intervenção do Estado na educação, como o período Vargas e o Regime Militar. Aqui verifica-se uma utilização mais diversificada de fontes de pesquisa e uma exigência da definição de objetos e de formas de abordagem. Trabalhos dessa natureza lançam mão de variada documentação escrita, como livros didáticos, programas curriculares,

---

[24] A metodologia utilizada para o levantamento de teses e dissertações considerou a produção realizada nos programas de pós-graduação em Educação e em História qualificados na última avaliação de 2013 da Capes com notas 5, 6 e 7. Note-se a significativa ausência, neste levantamento, de trabalhos realizados em instituições das regiões Norte e Nordeste do país, pois somente o Programa de Pós-Graduação em Educação da Universidade Federal de Pernambuco (UFPE) e o Programa de Pós-Graduação em História Social da Amazônia da Universidade Federal do Pará (UFPA), ambos qualificados com nota 5, foram perscrutados nessa lista – ainda assim, sem resultados.

A história do ensino de História no Brasil: tendências

legislação, relatórios e estatísticas oficiais, revistas e jornais, documentação escolar manuscrita e impressa, e também de documentação iconográfica, além de depoimentos orais.

As análises que buscam relacionar a produção historiográfica ao ensino de História, seja via legislação educacional ou documentação institucional escolar, seja via livros didáticos, têm se concentrado no século XIX, justamente no momento em que a historiografia brasileira se constituía no âmbito do Instituto Histórico e Geográfico Brasileiro, o que também ocorria com a disciplina escolar História. É considerável o peso que o estudo sobre os livros tem tido, o que representa importante contribuição para o maior conhecimento sobre esse tipo de material e para a sofisticação metodológica para o trato com essas fontes. Os estudos que envolvem os livros didáticos têm estimulado o desenvolvimento de projetos que contemplam desde a localização e a identificação desse tipo de material em escolas, arquivos e bibliotecas, até a organização de acervos em vários centros de pesquisa universitários e em alguns órgãos públicos ligados à educação, como, por exemplo, o banco de dados de livros escolares do programa LIVRES, junto ao Centro de Memória da Faculdade de Educação da Universidade de São Paulo, e o projeto Memória de Leitura, ligado ao Instituto de Estudos da Linguagem da Universidade Estadual de Campinas. Os estudos no âmbito dessa temática, relativos ao Império e à Primeira República, exploram os projetos e debates legislativos que envolveram a construção da História como disciplina escolar naqueles momentos, o que permite o entrecruzamento de fontes diversas, no esforço de compreensão desse processo.

Enquanto em outros campos da História da Educação vêm avançando as pesquisas sobre as práticas escolares e a cultura escolar, é pouco o que se faz a esse respeito em relação à história do ensino de História. Foram os estudos relativos, principalmente, ao período Vargas os que se preocuparam, até o início desse século, com os processos de construção de uma cultura escolar em relação ao ensino de História, analisando práticas cotidianas que, envolvendo esse ensino, deitaram raízes e podem ainda hoje ser verificadas. Nos últimos anos foi possível observar uma ampliação da abordagem para outros períodos históricos. São também esses os trabalhos que exploram maior diversidade de fontes, como a documentação escolar manuscrita ou impressa – presente em quase 10% dos trabalhos da última década –, além de revistas e jornais; iconografia; material de propaganda; livros didáticos; literatura; e a já tradicional documentação oficial (relatórios, programas curriculares, legislação).

Não obstante a existência de lacunas, não se pode dizer que o ensino de História, no Brasil, seja tema marginal nas áreas de História e de Educação. Privilegiado quanto ao estudo das práticas de ensino – métodos, avaliações, materiais didáticos –, ele é relativamente pouco explorado em sua dimensão histórica, em suas temporalidades, em suas continuidades e rupturas. As inovações teórico-metodológicas que há algum tempo têm caracterizado os campos mais consolidados da historiografia da educação no Brasil – estudos sobre a infância, sobre a alfabetização, sobre os processos mais gerais de escolarização, sobre a profissão docente, para citar alguns – têm sido ainda tímidas em relação à história do ensino de História e pouco diversificadas quanto aos objetos mais específicos.

Parte considerável dos pesquisadores aciona, preferencialmente, as fontes que apresentam relação mais direta com o tema da educação e do ensino, tirando pouco proveito de outras que, sem estarem inscritas nessa "categoria", permitem ricas leituras do seu potencial pedagógico quando relacionadas ao ensino de História. Veja-se, por exemplo, o caso do material produzido tanto pela mídia impressa quanto, a partir do século XX, pelo rádio e pela televisão. Desde a década de 1930, os formuladores de políticas culturais perceberam o papel crucial a ser desempenhado pela propaganda, em suas mais diferentes manifestações, como instrumento de legitimação de poderes, trabalhando com eficácia com o imaginário e com as repre-

A história do ensino de História no Brasil: tendências

sentações coletivas. O saber histórico escolar vem, desde então, sendo veiculado não apenas por meio da escola, mas também por esses outros mecanismos que têm contribuído para a sua difusão e para a consolidação das principais ideias que, em torno dele, conformam uma memória coletiva que ajuda na construção de identidades.

Para o desenvolvimento de análises que contemplem estas perspectivas, é crucial ampliar o leque de fontes, valorizando revistas, jornais, peças publicitárias, obras artísticas, programas de rádio e de televisão que, tratando de temas da história, sobretudo da história nacional, cumprem um papel educativo que extrapola os muros da escola e levam esses saberes a circular mais amplamente na sociedade. No próximo capítulo, além de acompanhar a trajetória da História como disciplina escolar no Brasil, pretende-se uma discussão mais vertical, na perspectiva do imaginário e das representações, relacionando o ensino de História à política e à cultura durante o período chamado "populista".

Se o fato de existirem ainda muitas lacunas é, por vezes, demérito, pode ser visto também como promessa, pois é justamente essa situação que tem entusiasmado sobretudo os jovens pesquisadores a fazerem aí seus investimentos. A história do ensino de História não está apenas nas salas de aulas das escolas, mas habita, com outros formatos, outras instâncias do cotidiano e a atenção a esta sua outra face irá, com certeza, enriquecer e consolidar esse campo de pesquisa.

CAPÍTULO III

Exaltar a pátria ou formar o cidadão

A História como disciplina escolar no Brasil

É difícil precisar o ensino de História no Brasil antes das primeiras décadas do século XIX, quando se constituía o Estado nacional e eram elaborados os projetos para a educação no Império. No período colonial, a educação escolar no Brasil foi marcada pela atuação da Companhia de Jesus, aqui chegada em 1549 com o Padre Manuel da Nóbrega. Ela assumiu a responsabilidade pela conversão dos indígenas, espalhou-se pelo território, principalmente pelo sul, a partir da vila de São Paulo de Piratininga (fundada em 1554) e pelo norte, no Grão-Pará e no Maranhão, onde os jesuítas se estabeleceram em 1639. Nesses locais eles organizaram aldeamentos nos quais, além da catequese, desenvolviam atividades agrícolas e artesanais. Em outras regiões fundaram seus célebres colégios, principais centros educacionais da América portuguesa, nos quais, além da formação religiosa, os alunos recebiam também preparação humanística para o ingresso nas universidades portuguesas de Évora e de Coimbra.

A atuação dos inacianos em relação aos indígenas, no campo da educação, estava revestida de um arsenal considerável de procedimentos e de estratégias destinados a garantir a eficácia do processo evangelizador. Suas formas de lidar com a diversidade, como a linguística, por exemplo, têm sido estudadas revelando curioso pragmatismo e, de certo modo, sucesso. Além da construção, por escrito, da língua indígena, os jesuítas valorizaram, em algumas áreas, a circulação oral do saber. Quanto aos colégios, revelaram a sua quase hegemonia no controle da escolarização formal, e neles eram formados clérigos e leigos sob forte orientação religiosa. A coroa portuguesa pouco atuava no campo da educação escolar, deixando essa tarefa à Companhia de Jesus. No entanto, interferiu em algumas questões, como no impedimento da criação de universidades no Brasil, com o intuito de garantir certo grau de dependência e controle sobre a formação intelectual das elites coloniais. Essa política contrastava vivamente com a da coroa espanhola, que, ainda no século XVI, já havia criado universidades em seus domínios americanos, como as Universidades do México e de São Marcos de Lima, surgidas em 1551 e 1576, respectivamente.

As diretrizes educacionais dos jesuítas, estabelecidas no *Ratio Studiorum*, de 1599, organizaram o ensino nos estabelecimentos brasileiros até a expulsão da Companhia de Jesus pelo Marquês de Pombal, em 1759, e nos seus colégios em outras partes do mundo até a extinção da ordem, em 1773.

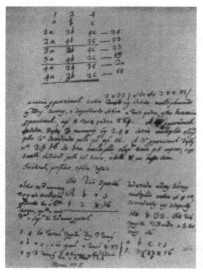

Lição de Aritmética. Folha avulsa encontrada em escritos dos jesuítas no Brasil, séc. XVII-XVIII. Fonte: LEITE, Serafim, S. J. *História da Companhia de Jesus no Brasil*. Rio de Janeiro: Instituto Nacional do Livro, 1949, tomo VII.

Exaltar a pátria ou formar o cidadão

O *Ratio* – conjunto de normas e orientações pedagógicas publicadas e distribuídas por toda a parte – definia, prioritariamente, procedimentos, e não conteúdos, tendo em vista seus objetivos evangelizadores, de formação moral e da difusão das virtudes cristãs.[25] O ensino jesuítico tinha como eixos o estudo da Gramática, da Retórica, das Humanidades, da Filosofia e da Teologia e previa a utilização de um elenco predeterminado de textos gregos e latinos, entre os quais figuravam autores como Tito Lívio, Tucídides, Xenofonte e Tácito. Era por meio desses historiadores da Antiguidade greco-romana que os estudantes dos colégios inacianos tinham contato com a História, visando ao estudo dos cinco eixos definidos pelo *Ratio Studiorum*. A História não se constituía, pois, como disciplina escolar e tinha, na verdade, função instrumental, com objetivos exteriores a ela.

De forma geral, a Companhia de Jesus e o Estado português convergiam na concepção da colonização como uma empreitada também de cunho religioso, em sintonia com as determinações do Concílio de Trento e dos princípios de fundação daquela ordem religiosa. No entanto, a convergência de interesses parava por aí e as divergências foram agravando-se com o passar do tempo, chegando ao seu ponto máximo durante o reinado de D. José I (1750-1777), quando a Companhia foi expulsa de Portugal e de todos os seus domínios de ultramar.

A administração pombalina, na segunda metade do século XVIII, ilustra bem a compreensão, por parte do Estado, influenciado pelo Iluminismo, do papel da educação no processo de modernização e de civilização. A ilustração esteve

---

[25] Estudo clássico sobre o Ratio Studiorum atque Institutio Societatis Jesu é a obra de Leonel Franca, "O método pedagógico dos jesuítas. O "Ratio Studiorum". Introdução e Tradução. Ver: FONSECA, Thais Nivia de Lima e. "O método pedagógico dos jesuítas. O "Ratio Studiorum". Introdução e Tradução. In: XAVIER, Maria do Carmo (Org.). *Clássicos da Educação Brasileira*. Belo Horizonte: Mazza Edições, 2010. Ver também: HANSEN, João Adolfo. *Ratio Studiorum* e política católica ibérica no século XVII. In: VIDAL, Diana Gonçalves; HILSDORF, Maria Lúcia Spedo (Orgs.). *Brasil 500 anos: tópicos em História da Educação*. São Paulo: EDUSP, 2001. p. 13-41.

profundamente ligada às ideias de progresso, de civilização, de humanidade e de crença nas leis e na justiça como promotoras do bem-estar e da felicidade dos homens. A conquista de alto grau de civilização poderia ocorrer pela aplicação sistemática de princípios racionais, por meio do planejamento e do estudo. A perpetuação dessa civilização deveria se fazer, então, pela educação, que ocuparia lugar central neste pensamento, como o valor instrumental supremo da política ilustrada. O Estado deveria, por isso, assumir o seu controle, definindo diretrizes e controlando ações.

No reinado de D. José I, sob o comando do Marquês de Pombal, a reforma educacional tornou-se prioritária, por meio da proposta de uma educação pragmática que visava, primordialmente, à formação dos quadros administrativos da burocracia estatal, que fariam avançar o desenvolvimento do país e garantiriam sua autonomia frente às potências europeias de então. A força do processo de secularização dessas reformas levou ao enfrentamento com a Companhia de Jesus, principal controladora do sistema educacional no império português, culminando com a expulsão dos jesuítas de todo o Império, em 1759. A Universidade de Coimbra passou por expressiva reorganização, por meio da qual foram revistos métodos, currículos, criadas faculdades e estabelecimentos anexos, observando-se sempre o "espírito moderno" que movia as reformas. Buscava-se estimular e difundir a formação técnica e científica que pudesse contribuir para o desenvolvimento econômico, sem, contudo, negligenciar-se a formação jurídica, central para o funcionamento de um Estado fortemente legislador e fiscalizador. O governo pombalino preocupou-se, também, em garantir a realização desse amplo projeto educacional por meio da padronização de currículos e do uso de livros e de manuais escolares, cujas produção e circulação estavam, agora, sob o controle da Real Mesa Censória, criada em 1768, retirando da Inquisição a hegemonia sobre a censura da vida intelectual em todo o mundo português.

As reformas de Pombal podem não ter tido o sucesso pretendido, mas não há dúvidas sobre alguns de seus efeitos na sociedade portuguesa e também no Brasil. Se, por um lado, o encerramento das escolas jesuítas trouxe visíveis prejuízos para os processos educacionais, por outro lado resultou na instituição das aulas régias, públicas e gratuitas. Quando em funcionamento, elas ofereciam a uma parcela da população a oportunidade de aprender a ler e a escrever, ou de iniciar os estudos do latim. As reformas ainda criaram uma nova categoria de "funcionários" do Estado, os professores régios, submetidos a normas de ingresso e permanência no magistério. Ainda assim, as famílias mais abastadas continuaram prestigiando os mestres particulares para a instrução de seus filhos.[26]

Não obstante os problemas verificados, é importante ressaltar a explicitação, pelas reformas pombalinas, da preocupação com as funções que poderiam ser atribuídas ao estudo da História, sobretudo nos cursos superiores. Nas *Instruções para os Professores de Gramática Latina, Grega, Hebraica e de Retórica*, de 1759, o governo recomendava o estudo da História da Religião e das Antiguidades gregas e romanas, sempre mantendo-se a preocupação de, por meio desse estudo, garantir a observância das

> obrigações do homem cristão, e do vassalo e cidadão, para cumprir com elas, na presença de Deus e do seu Rei e em benefício comum da sua Pátria, apro-

---

[26] Sobre esse processo, ver os estudos clássicos de CARVALHO, Laerte Ramos de. *As reformas pombalinas da instrução pública*. São Paulo: Ed. da USP; Saraiva, 1978 (a tese original é de 1952) e ANDRADE, António Alberto Banha de. *A reforma pombalina dos estudos secundários no Brasil (1769-1771)*. São Paulo: Ed. da USP; Saraiva, 1978. Estudos mais recentes para Portugal e Brasil estão em: ADÃO, Áurea. *Estado absoluto e ensino das primeiras letras: as escolas régias (1772-1794)*. Lisboa: Fundação Calouste Gulbenkian, 1997; CARDOSO, Tereza Maria Rolo Fachada Levy. *As luzes da educação: fundamentos, raízes históricas e prática das aulas régias no Rio de Janeiro (1759-1834)*. Bragança Paulista, SP: EDUSF, 2002; FONSECA, Thais Nivia de Lima e. *O ensino régio na Capitania de Minas Gerais (1772-1814)*. Belo Horizonte: Autêntica, 2010.

veitando-se, para este fim, dos exemplos que forem encontrando nos livros do seu uso, para que desde a idade mais tenra vão tendo um conhecimento das suas verdadeiras obrigações.[27]

Na reforma pombalina, a História apareceria mais definida para os estudos superiores, da Universidade de Coimbra, como "propedêutica indispensável aos estudos humanísticos, filosóficos, jurídicos e teológicos", e como "subsídio da jurisprudência".[28] Embora com destaque adicional, ela ainda não se constituía autonomamente como disciplina escolar na estrutura educacional do império português.

Universidade de Coimbra. Fotos: Thais Nivia de Lima e Fonseca

A constituição da História como disciplina escolar no Brasil – com objetivos definidos e caracterizada como conjunto de saberes originado da produção científica e dotado, para seu

---

[27] Alvará de Regulamento dos Estudos Menores, de 28 de junho de 1759. Disponível em: <http://www.iuslusitaniae.fcsh.unl.pt/verlivro.php?id_parte=105&id_obra=73&pagina=955>.

[28] CARVALHO, Laerte Ramos de. *As reformas pombalinas da instrução pública*. São Paulo: Saraiva; Ed. da USP, 1978. p. 180-181.

ensino, de métodos pedagógicos próprios – ocorreu após a independência, no processo de estruturação de um sistema de ensino para o Império. Nas décadas de 1820 e 1830 surgiram vários projetos educacionais que, ao tratar da definição e da organização dos currículos, abordavam o ensino de História, que incluía a "História Sagrada", a "História Universal" e a "História Pátria". O debate em torno do que deveria ser ensinado nas escolas, e como isso seria feito, expressava, de certa forma, os enfrentamentos políticos e sociais que ocorriam então no Brasil, envolvendo os liberais e os conservadores, o Estado e a Igreja.

A ruptura com Portugal, em 1822, iniciou longo período de discussões, confrontos e definições acerca do liberalismo a ser implantado no país independente. A proliferação da imprensa ampliou a difusão e o debate dos preceitos liberais, delineando-se, ao menos até o início do Segundo Reinado, as principais características do liberalismo no Brasil. Durante esse período, momentos de maior restrição política e de frustrações de expectativas geraram descontentamentos e, por vezes, revoltas, lideradas por elementos das elites, bem como outros movimentos, de acento mais popular, que também eclodiram em várias partes do país, principalmente durante as regências.

Com diferentes coloridos, esses movimentos evidenciavam insatisfações diversas com os rumos políticos e com a inserção limitada ou com a não inserção de parte considerável da população nesse processo. Questões como as restrições ao direito de voto ou mesmo a resistência à discussão sobre a escravidão e sua extinção aglutinavam interesses e resultavam em manifestações mais ou menos organizadas. Combatidas as revoltas e costurados os compromissos entre as elites, pôde o liberalismo forjado entre o Primeiro Reinado e as regências deitar raízes na cultura política brasileira, definindo alguns dos mais importantes elementos do discurso e das práticas políticas que se manteriam até o século XX.

Essas concepções caracterizavam-se pelo apego à defesa da propriedade, implicando, muitas vezes, a rejeição às igualdades jurídica e política. No interior de um sistema que excluía a maior parte da população do exercício desses direitos, qualquer reação de oposição, sobretudo se vinda dos setores subalternos, representava clara ameaça às liberdades daqueles que eram considerados iguais entre si, ou seja, as elites ilustradas e proprietárias. Essas reações eram facilmente associadas à desordem e à anarquia, daí o perigo de quebra da segurança.

Havia, no entanto, a necessidade da modernização, que implicava o envolvimento de setores mais amplos da população, não apenas pela via econômica, mas também pela via educacional. O pensamento liberal no século XIX definia o papel da educação no sentido da formação do cidadão produtivo e obediente às leis, mesmo quando impedido de exercer direitos políticos. A conformação do indivíduo à vida civil passaria, assim, pela estruturação de um sistema de educação nacional, controlado pelo Estado e unificado em seus pressupostos pedagógicos, em seus programas e em seus currículos. Se na Europa a questão a ser enfrentada pelas elites era a da inclusão das classes trabalhadoras urbanas no sistema de ensino e das formas e limites dessa inclusão, no Brasil o problema dizia respeito à exclusão da extensa população escrava, além dos negros e mestiços forros e dos brancos livres e pobres. A exclusão social estava marcada pela escravidão e por todas as implicações jurídicas, econômicas, políticas e simbólicas que ela acarretava. E, na segunda metade do século XIX, a questão se estenderia, também, para a população de imigrantes europeus que se instalavam principalmente no sul do país.

A análise das propostas educacionais apresentadas no Brasil no século XIX e mesmo da legislação efetivamente aprovada permite-nos uma aproximação com o movimento intelectual do período, mas de modo algum encontra ressonância integral na vida cotidiana, uma vez que muito daquilo que propuseram ou aprovaram foi implementado com muitos limites ou não existiu na prática. Todavia, essa análise indica as principais questões com as quais se debatiam as elites políticas e intelectuais e como alguns setores da sociedade procuravam construir seus próprios caminhos por meio da educação. Que o principal objetivo do sistema educacional no pós-independência era a formação das elites dirigentes parece não haver dúvida. A preocupação primordial com o ensino superior, sobretudo com os estudos jurídicos, é por demais conhecida na historiografia da educação brasileira e demonstra claramente seus vínculos ideológicos e políticos. No entanto, a inquietação dessas elites com o tema da educação também aponta para a complexidade do quadro social e cultural do Brasil daquela época, e de como governantes, legisladores e intelectuais tentavam solucionar o problema da adoção do ideário liberal numa sociedade escravista e conservadora.

A escravidão era, dessa forma, questão central para os intelectuais brasileiros, desde o tempo das conspirações "ilustradas" do final do século XVIII até a abolição em 1888. De fato, a população escrava sempre representou perigo potencial, pois era numericamente superior à população livre em várias partes do Brasil, sem contar os contingentes de negros e de mestiços livres, espremidos entre o mundo dos senhores e o dos escravos. Os riscos vislumbrados pelas elites não estavam apenas na possibilidade das revoltas e explosões de violência explícita dessa população, mas também nas influências culturais dela advindas, consideradas degeneradoras e bárbaras.

Desde o período colonial havia a preocupação com o estabelecimento de mecanismos de controle sobre essa população e no século XIX a educação escolar aparecia como uma possibilidade, na medida em que, abrindo-se para as camadas mais baixas, a instrução elementar poderia atuar no sentido da conformação social e cultural. À medida que o século XIX chegava ao fim, o processo de diminuição da população escrava acentuava a questão da incorporação desses grupos à ordem social, pelas vias formais, sob os auspícios do Estado. Mas a aceitação da população negra e mestiça livre nas escolas, ainda demoraria e seu contato com os saberes escolares convencionais e com a alfabetização ocorria mais frequentemente no âmbito da vida privada. Para os mestiços, desde o período colonial, as possibilidades eram um pouco melhores, ainda que excepcionais, e muitos chegaram a frequentar escolas regularmente e mesmo a ocupar cargos públicos, apesar das restrições formais e do costume. Como, afinal, situar as propostas de educação no século XIX, em quadro de tal diversidade social, étnica e cultural? Como pensar na formulação de um projeto de educação para o Brasil, numa perspectiva uniformizadora, naquele império vasto e plural que, na segunda metade do oitocentos, passava por sensíveis transformações? Se a análise se volta para os posicionamentos e as ações das elites políticas e intelectuais, será necessário considerar uma dimensão que creio ser de grande importância para o tema, isto é, a da construção de uma identidade nacional, que teria na educação um de seus principais esteios. Do século XIX até a década de 1940, essas elites colocaram a questão da identidade no centro de suas reflexões sobre a construção da nação, o que as levou a considerar detidamente o problema da mestiçagem, visto na sua perspectiva mais preocupante, isto é, aquela que envolvia a população afro-brasileira. Não por acaso esta questão ocupou o Instituto Histórico e Geográfico Brasileiro (IHGB), criado em 1838, em sua missão de elaborar uma história nacional e de difundi-la por meio da educação, mais precisamente por meio do ensino de História. Essa preocupação explica a vitória do alemão Karl Philipp von Martius no concurso de monografias promovido pelo IHGB, sobre o melhor plano para se escrever a história do Brasil. Von Martius propunha uma história que partisse da mistura das três raças para explicar a formação da nacionalidade brasileira, ressaltando o elemento branco e sugerindo um progressivo branqueamento como caminho seguro para a civilização. Uma vez produzida, essa história deveria ser conhecida por todos e a melhor maneira de fazê-lo seria pela escola. Do IHGB ela passaria diretamente às salas de aulas por meio dos programas curriculares e dos manuais didáticos, não raro escritos pelos próprios sócios do Instituto.

É nesse quadro, portanto, que se inscreve a constituição da História como disciplina escolar no Brasil. As propostas apresentadas nos anos que se seguiram à proclamação da independência, embora estivessem atentas para a separação formal entre a História sagrada e a História profana, ou civil, acabava por fundir, de certa forma, alguns objetivos das duas. Isso ocorria porque à História atribuía-se a função de formação moral de crianças e jovens, fosse pelos princípios cristãos e pela doutrina da religião católica, fosse pelo conhecimento dos fatos notáveis da História do Império.[29] Resolvia-se, de certa forma, o problema de conciliar os interesses do Estado e da Igreja na área da educação, num momento em que a tendência era de atribuir cada vez mais ao primeiro o controle sobre ela.

Durante praticamente todo o século XIX ocorreram discussões e mudanças nos programas para as escolas elementares, secundárias e profissionais e os objetivos do ensino de História foram se definindo com maior nitidez. Ao mesmo tempo em que seu papel ordenador e civilizador era cada vez mais consensual, seus conteúdos e formas de abordagem refletiam as características da produção historiográfica então em curso, sob os auspícios do IHGB. Produzia-se e ensinava-se, a julgar pelos programas e pelos textos dos livros didáticos, uma História eminentemente política, nacionalista e que exaltava a colonização portuguesa, a ação missionária da Igreja católica e a monarquia. Desde a lei

---

[29] Análises dessas formulações sobre o ensino de História durante o Império podem ser vistas em: MATTOS, Selma Rinaldi de. *O Brasil em lições: a história como disciplina escolar em Joaquim Manoel de Macedo*. Rio de Janeiro: Access, 2000; BITTENCOURT, Circe Maria Fernandes. *Livro didático e conhecimento histórico: uma história do saber escolar*. São Paulo: USP, 1993. Tese (Doutorado em História Social) – Programa de Pós-Graduação em História Social, Faculdade de Filosofia, Letras e Ciências Humanas, Universidade de São Paulo, São Paulo, 1993; MELO, Ciro Flávio Bandeira de. *Senhores da História: a construção do Brasil em dois manuais didáticos de História na segunda metade do século XIX*. São Paulo: USP, 1997. Tese (Doutorado em Educação) – Programa de Pós-Graduação em Educação, Faculdade de Educação, Universidade de São Paulo, São Paulo, 1997; GASPARELLO, Arlete Medeiros. *Construtores de identidades: a pedagogia da nação nos livros didáticos da escola secundária brasileira*. São Paulo: Iglu, 2004.

educacional de 1827, alguns dos pressupostos dessa formação moral e política já ficavam evidentes. Aconselhava-se que ela ocorresse por meio dos "princípios da moral cristã e da doutrina da religião católica" e que para as leituras dos meninos fossem utilizadas a Constituição do Império e a História do Brasil.[30] Os conteúdos, por sua vez, não foram definidos claramente, embora houvesse propostas para o ensino da História geral profana, da História sagrada e da História do Império do Brasil. A consolidação de planos de estudos só ocorreu a partir do momento em que o Colégio Pedro II, criado em 1837, instituiu seus programas curriculares, introduzindo, a partir de 1838, o ensino de História ao longo de suas oito séries.

Colégio D. Pedro II, do Rio de Janeiro.
Fonte: DORIA, Escragnolle. *Memória histórica do Colégio de Pedro II (1837-1937)*. 2 ed. Brasília: INEP, 1997.

Durante a segunda metade do século XIX, várias reformas curriculares foram realizadas, alterando-se a distribuição dos conteúdos de História (Sagrada, Antiga, da Idade Média, Moderna

---

[30] Collecção das Leis do Império do Brazil. 1827. Parte Primeira, p. 71.

e Contemporânea, do Brasil) pelas séries, ou agrupando conteúdos que antes eram dados em separado. Assim, por exemplo, a partir das duas últimas décadas do oitocentos, as histórias Antiga, da Idade Média, Moderna e Contemporânea passaram a conformar a História Geral e depois a História Universal. Considerado modelo para as demais escolas do Império, o Colégio Pedro II acabava por impor seus currículos, sobretudo para o ensino secundário.[31]

As diretrizes para o ensino de História, consoantes aos objetivos definidos pelo IHGB para este campo do conhecimento, apareciam nas proposições de autores de livros para o ensino secundário, adotados em numerosas escolas brasileiras. Caso exemplar é o de Joaquim Manuel de Macedo, sócio ativo do IHGB durante décadas e autor de um dos livros didáticos de maior sucesso, da segunda metade do século XIX às primeiras décadas do século XX. Embora já contasse com programas de estudo desde 1838, o ensino de História ainda carecia de material e de metodologia que o orientasse. E foi esta a motivação de Joaquim Manuel de Macedo, também professor de História do Colégio Pedro II, para escrever o *Lições de História do Brasil para uso dos alunos do Imperial Colégio de Pedro II*, em 1861. Suas preocupações ficavam claras na apresentação do livro:

> Professando desde alguns anos a História do Brasil no Imperial Colégio de Pedro II, reconhecemos no fim de breve experiência que se fazia sentir a falta de um compêndio dessa matéria que fosse escrito e metodizado de harmonia com o sistema de estudos adotado naquele importante estabelecimento, e também compreendemos que a nós como professor da cadeira respectiva, cumpria mais que a outro procurar satisfazer uma tal necessidade.[32]

---

[31] Ver: GASPARELLO, Arlete Medeiros. *Construtores de identidades: a pedagogia da nação nos livros didáticos da escola secundária brasileira*. São Paulo: Iglu, 2004; HAIDAR, Maria de Lourdes Mariotto. *O ensino secundário no Brasil Império*. 2 ed. São Paulo: EDUSP, 2008.

[32] *Apud* MATTOS, Selma Rinaldi de. *O Brasil em lições: a história como disciplina escolar em Joaquim Manuel de Macedo*. Rio de Janeiro: Access, 2000. p. 83.

Neste livro, que se tornaria referencial, Macedo estabeleceu a ligação entre a produção historiográfica do IHGB – deixando claras suas referências na obra de Varnhagen –, mas, sobretudo, contribuiu para a constituição da História como disciplina escolar no Brasil, definindo métodos e procedimentos para se "colher em pouco tempo importantes resultados".[33] A partir daí, além das diretrizes de formação moral e cívica dos jovens, o ensino de História apresentaria a marca da preocupação com os métodos, delineando-se mais claramente o seu perfil como disciplina escolar.

Não se pode afirmar, a rigor, que o advento da República alterou a essência do ensino de História, no que diz respeito às concepções predominantes neste campo do conhecimento. Mas é importante destacar uma preocupação mais evidente com os métodos empregados.

Livro escolar *História do Brasil*, de Rocha Pombo,
19ª edição, [S/d]. Coleção da autora.

---

[33] *Apud* MATTOS, Selma Rinaldi de. *O Brasil em lições: a história como disciplina escolar em Joaquim Manuel de Macedo*. Rio de Janeiro: Access, 2000. p. 87.

Prova disso são os numerosos textos de orientação publicados nos livros didáticos e destinados aos professores e aos estudantes, sobre a melhor forma e os melhores recursos para se obter os resultados esperados, em função dos objetivos definidos para o ensino de História.

Desde o início do século XX, diversos autores de livros para os ensinos primário e secundário – dentre os quais alguns se tornariam formuladores de programas, como Jonathas Serrano – apostavam na eficácia do ensino de História na formação de um cidadão adaptado à ordem social e política vigente. Um dos mais célebres entre esses autores, Rocha Pombo, escrevendo desde a segunda década do novecentos, afirmava ser necessário desenvolver nos jovens o "gosto pela história" como condição para a criação de um "espírito de povo". Segundo ele, seria preciso

...ir começando por aliviar da massa dos fatos o contexto histórico, reduzindo a narração aos sucessos mais significativos, de modo a esclarecer a consciência, a infundir sentimento, poupando o mais que for possível a memória. E depois, aqueles que desejarem entrar mais fundo nas causas e mais amplamente nos assuntos – que recorram a mais largas fontes. O primeiro trabalho, e o mais interessante, é este – o de mostrar como a nossa história é bela, e como a pátria, feita, defendida e honrada pelos nossos maiores, é digna do nosso culto.[34]

Essas concepções também estavam presentes nas orientações governamentais para o ensino de História, desde o século XIX, quando já se discutia a questão da história nacional. A discussão tornou-se mais intensa no início do século XX, quando se procurava romper com uma certa sobreposição entre história sagrada e história profana. Foi com esse objetivo que se introduziu, a partir da segunda década do novecentos, a

---

[34] POMBO, Rocha. *História do Brasil para o ensino secundário*. 19 ed. São Paulo: Companhia Melhoramentos, [S/d]. p. 3. (A primeira edição é de 1918).

disciplina escolar "Instrução Moral e Cívica", que, articulada ao ensino de História, visava a reforçar os sentimentos patrióticos da população. E tal instrução para a formação do cidadão tinha direção certa, segundo João Ribeiro, no prefácio que escreveu para o livro didático de Silvio Romero. Ela deveria ser feita por meio do único

> recurso verdadeiramente eficaz que possa inocular na escola a conduta cívica e patriótica. É o exemplo dos grandes cidadãos, a história do que a fizeram a ela própria, sobressaindo sobre a atividade anônima das massas, dirigindo-as aos seus destinos e aos seus ideais.[35]

Era, portanto, o estudo biográfico o que se defendia então. O movimento nacionalista, que cresceu, principalmente depois da Primeira Guerra Mundial, batia-se pela "nacionalização" dos estudos de História nas escolas brasileiras e foi, pouco a pouco, conquistando maior espaço à medida que as condições se tornavam mais favoráveis a essa posição.[36]

No entanto, foram as reformas do sistema de ensino nas décadas de 1930 e 1940 que promoveram a centralização das políticas educacionais e colocaram o ensino de História no centro das propostas de formação da unidade nacional, consolidando-a, definitivamente, como disciplina escolar. A partir desse momento, não mais deixariam de haver programas curriculares estruturados, com definição de conteúdos, indicação de prioridades, orientação quanto aos procedimentos didáticos e indicação de livros e de manuais. A Reforma Francisco Campos,

---

[35] *Apud* BITTENCOURT, Circe Maria Fernandes. *Livro didático e conhecimento histórico: uma história do saber escolar*. São Paulo: USP, 1993. Tese (Doutorado em História Social) – Programa de Pós-Graduação em História Social, Faculdade de Filosofia, Letras e Ciências Humanas, Universidade de São Paulo, São Paulo, 1993, p. 167.

[36] Várias organizações nacionalistas militantes já atuavam nos primeiros anos após a Primeira Guerra, como a *Liga de Defesa Nacional*, a *Liga Pró-Saneamento*, a *Liga contra o Analfabetismo*. Ver: GOMES, Angela de Castro. *História e historiadores: a política cultural do Estado Novo*. Rio de Janeiro: Fundação Getúlio Vargas, 1996.

de 1931, promoveu a centralização das políticas educacionais e do gerenciamento da educação no recém-criado Ministério da Educação e Saúde Pública e definiu programas e instruções sobre métodos de ensino. Isso retirava das escolas a autonomia para a elaboração dos programas, que passavam a ser de competência exclusiva do Ministério. Essa centralização significava, na prática, a unificação de conteúdos e de metodologias, em detrimento de interesses regionais.

A Reforma Francisco Campos colocava o estudo da História como instrumento central da educação política, "baseada na clara compreensão das necessidades de ordem coletiva e no conhecimento das origens, dos caracteres e da estrutura das atuais instituições políticas e administrativas".[37] Recomendava-se que fosse reduzido ao mínimo necessário o estudo da sucessão de governos, das questões diplomáticas e da história militar, mas admitia-se a orientação dos estudos para a história biográfica e episódica, sobretudo nas primeiras séries. Estimulava-se, também, a utilização de recursos visuais, "atendendo-se à curiosidade natural dos alunos pelas imagens".[38]

Essa reforma, não obstante definisse a História do Brasil e a da América como o centro do ensino, foi duramente criticada por muitos professores. Para eles, na prática, a História do Brasil teve seu espaço reduzido, pois estava diluída na História da Civilização e com a sua carga horária diminuída. Os embates pelo restabelecimento do ensino autônomo da "História Pátria" acabaram por envolver, também, o IHGB. Era claramente uma manifestação das posições nacionalistas, em detrimento das pedagógicas.

---

[37] *Apud* HOLLANDA, Guy de. *Um quarto de século de programas e compêndios de História para o ensino secundário brasileiro (1931-1956)*. Rio de Janeiro: Instituto Nacional de Estudos Pedagógicos, 1957. p.18.

[38] *Apud* HOLLANDA, Guy de. *Um quarto de século de programas e compêndios de História para o ensino secundário brasileiro (1931-1956)*. Rio de Janeiro: Instituto Nacional de Estudos Pedagógicos, 1957. p. 21. Sobre os programas para o ensino de História entre 1931 e 1945, ver: REZNIK, Luis. *Tecendo o amanhã. A História do Brasil no ensino secundário: programas e livros didáticos (1931-1945)*. Niterói: UFF, 1992. Dissertação (Mestrado em História) – Programa de Pós-graduação em História, Área de História, Universidade Federal Fluminense, 1992.

A Reforma Gustavo Capanema, de 1942, restabeleceu a História do Brasil como disciplina autônoma e confirmou como seu objetivo fundamental a formação moral e patriótica. Comentando a legislação e os programas oficiais de 1942, Jonathas Serrano, um de seus elaboradores, lembrava que

> Na terceira e quarta séries do curso ginasial o estudo da História do Brasil visa precipuamente à formação da consciência patriótica, através dos episódios mais importantes e dos exemplos mais significativos dos principais vultos do passado nacional. Assim como nas aulas de História Geral, serão postas em relevo as qualidades dignas de admiração, a dedicação aos grandes ideais e a noção de responsabilidade.[39]

Esses comentários deixam claros os princípios norteadores do ensino de História nos cursos ginasial e colegial, bem como as concepções de História que o sustentavam. Se os estudantes concentravam-se numa história biográfica no ginásio, para depois estenderem seus estudos na direção das instituições sociais, políticas e econômicas, isso não modificava as bases do ensino de História, que predominavam, também, no ensino primário. Elas estavam fundadas na compreensão dos "grandes acontecimentos" e voltadas para o fortalecimento dos "sentimentos de civismo, os direitos e os deveres das novas gerações para com a pátria e a humanidade".[40]

Programas curriculares e orientações metodológicas pautavam-se, assim, pela ideia da construção nacional que, a

---

[39] SERRANO, 1945, p. XV. *Apud* HOLLANDA, Guy de. *Um quarto de século de programas e compêndios de História para o ensino secundário brasileiro (1931-1956)*. Rio de Janeiro: Instituto Nacional de Estudos Pedagógicos, 1957, p. 53. Sobre a Reforma Gustavo Capanema, ver também: SCHWARTZMAN, Simon; BOMENY, Helena Maria Bousquet; COSTA, Vanda Maria Ribeiro. *Tempos de Capanema*. 2 ed. São Paulo: Paz e Terra: Fundação Getúlio Vargas, 2000.

[40] *Apud* HOLLANDA, Guy de. *Um quarto de século de programas e compêndios de História para o ensino secundário brasileiro (1931-1956)*. Rio de Janeiro: Instituto Nacional de Estudos Pedagógicos, 1957, p. 54.

partir das noções de pátria, tradição, família e nação, formaria na população o espírito do patriotismo e da participação consciente. Mesmo com a adoção de maior grau de "cientificidade" para o ensino de História, algumas matrizes da história sagrada foram estrategicamente mantidas, em atendimento a pressões de setores católicos ligados à educação.

Em 1951, o Ministério da Educação promoveu algumas alterações nos programas para o ensino de História, fazendo uma redistribuição da seriação dos conteúdos para os cursos ginasial e colegial. Uma redefinição dos pressupostos desse ensino, no entanto, foi realizada pelo Colégio D. Pedro II, que recuperaria, neste momento, suas prerrogativas na elaboração de programas próprios. Apesar do processo de centralização levado a efeito pelas reformas anteriores, o Colégio era, ainda, referência no sistema educacional do país e seus programas voltaram a ser enviados para os demais estabelecimentos, públicos ou privados. Considerado um avanço, o programa de 1951, elaborado pelo Colégio D. Pedro II orientava o estudo da História para as ações mais importantes e suas repercussões, para a focalização de indivíduos como expressões do meio social e para o registro das manifestações da vida material e espiritual, individuais e coletivas. Visavam-se, assim, "os fatos culturais e de civilização, evidenciadas a unidade e a continuidade da história".[41]

Não obstante essas diferenças em relação aos programas anteriores, durante a década de 1950 o ensino de História pouco se afastou das concepções e das práticas tradicionais, se considerarmos uma análise dos livros didáticos em uso nesta época, bem como outros tipos de fontes: cadernos de alunos, material de apoio didático, planos de aula de professores e trabalhos escolares, como as composições e os desenhos de alunos.[42]

---

[41] *Apud* HOLLANDA, Guy de. *Um quarto de século de programas e compêndios de História para o ensino secundário brasileiro (1931-1956)*. Rio de Janeiro: Instituto Nacional de Estudos Pedagógicos, 1957, p. 54.

[42] Sobre esse tipo de produção no ensino de História, ver: FONSECA, Thais Nivia de Lima e. *Da infâmia ao altar da pátria: memória e representações da Inconfidência*

O Regime Militar, instalado em 1964, só fez aprofundar algumas das características já presentes no ensino de História na escola fundamental e média do país. No que diz respeito às concepções de História inerentes a esse ensino, não houve grandes transformações, tendo permanecido a herança tradicional, de longa data, a orientá-lo. Isso significa que as diretrizes norteadoras dessa concepção de História permaneceram na formação de milhares de jovens, enfatizando-se os fatos políticos e as biografias dos "brasileiros célebres", entre os quais agora figuravam os principais personagens do novo regime.

Após 1964 o ensino de História aprofundou essa concepção, combinada com medidas de restrições à formação e à atuação dos professores e com uma redefinição dos objetivos da educação, sob a ótica da Doutrina de Segurança Nacional e Desenvolvimento, no sentido de exercer o controle ideológico e eliminar qualquer possibilidade de resistência ao regime autoritário. Vista dessa forma, a História tradicional adequava-se aos interesses do Estado autoritário, na medida em que apresentava o quadro de uma sociedade hierarquizada, cuja vida seria conduzida de cima para baixo e em que a ordem seria uma máxima a ser seguida pelos seus membros. Sem espaço para a interpretação e a análise crítica, não haveria como instrumentalizar o indivíduo para o questionamento da ordem. A reorganização do ensino de História teve, pois, conotações políticas, passando a ser de competência dos órgãos públicos, tecnicamente aparelhados para os fins que se adequassem àquela Doutrina.[43]

Além disso, o regime preocupou-se especialmente com o ensino da educação cívica, redefinindo os papéis de duas disciplinas

---

Mineira e de Tiradentes. São Paulo: USP, 2001. Tese (Doutorado em História Social) – Programa de Pós-Graduação em História Social, Faculdade de Filosofia, Letras e Ciências Humanas, Universidade de São Paulo, São Paulo, 2001.

[43] Nos últimos anos tem crescido as pesquisas sobre o ensino de História durante o Regime Militar no Brasil. Para uma busca dessa produção, ver o Banco de Teses da CAPES, e os anais dos eventos Encontro Perspectivas do Ensino de História, Congresso Brasileiro de História da Educação, Congresso Luso Brasileiro de História da Educação.

já existentes – "Educação Moral e Cívica e Organização Social e Política Brasileira" (ao nível do ensino fundamental e do ensino médio) –, tornando-as obrigatórias em todos os graus de ensino, com a introdução de "Estudos dos Problemas Brasileiros" no ensino universitário. Essas medidas, sob a ótica da Doutrina de Segurança Nacional, tinham claro papel moralizador e ideológico, observáveis nas finalidades definidas em lei para estes conteúdos:

> ... a preservação, o fortalecimento e a projeção dos valores espirituais e éticos da nacionalidade; o fortalecimento da unidade nacional e do sentimento de solidariedade humana;
> o culto à Pátria, aos seus símbolos, tradições, instituições e aos grandes vultos de sua história;
> o preparo do cidadão para o exercício das atividades cívicas com fundamento na moral, no patriotismo e na ação construtiva visando o bem comum;
> o culto da obediência à Lei, da fidelidade ao trabalho e da integração na comunidade.[44]

Considerando que aquela Doutrina tratava a educação e as pessoas nela envolvidas como um de seus "públicos-alvo" – passíveis de controle ideológico pelos riscos que representavam à segurança do país –, entende-se a razão das reformulações dos conteúdos e seus respectivos objetivos de ensino. As noções de preservação da segurança, de manutenção dos sentimentos patrióticos, do dever e da obediência às leis denotam com clareza as finalidades político-ideológicas dadas ao ensino de História e disciplinas afins.

A análise das características, dos objetivos e funções estabelecidos para o ensino de Estudos Sociais – a nova disciplina originada da fusão entre a História e a Geografia –, englobando aí a Educação Moral e Cívica, deixa entrever a herança tradi-

---

[44] Decreto-lei n. 68.065, 14/01/1971 - C.F.E. *Apud* FONSECA, Selva Guimarães. *Caminhos da História ensinada*. Campinas, SP: Papirus, 1993. p. 37.

cional. Isso fica ainda mais claro quando se tenta, a partir dos conteúdos e atividades predeterminados, impor uma visão harmônica da sociedade, em que a "espontânea colaboração" de todos os grupos sociais aparece como a ordem natural das coisas. Segundo as determinações do próprio Conselho Federal de Educação, a finalidade básica dos Estudos Sociais seria ajustar o aluno ao seu meio, preparando-o para a "convivência cooperativa" e para suas futuras responsabilidades como cidadão, no sentido do "cumprimento dos deveres básicos para com a comunidade, o Estado e a Nação". Nessa concepção, os homens não aparecem como construtores da história; ela é conduzida pelos "grandes vultos", cultuados e glorificados como os únicos sujeitos históricos. A preocupação desse ensino era fazer com que o aluno localizasse e interpretasse fatos sociais, não de maneira analítica e reflexiva, mas deformando a História como campo do saber, diluindo-a nos Estudos Sociais, junto a conceitos genéricos de Geografia, Política, Sociologia, Filosofia, etc. Este seria o caminho para a formação do "cidadão", do homem ideal, que melhor serviria aos interesses do Estado. A disciplina escolar História, associada à Geografia, estava organizada no Programa elaborado pelo Ministério da Educação e distribuído por meio das Secretarias Estaduais.

A estrutura desse programa, seguindo a tendência até então predominante no ensino de História, impunha um ensino diretivo, não crítico, no qual a História aparecia como uma sucessão linear de fatos considerados significativos, predominantemente de caráter político-institucional, e no qual sobressaíam os espíritos positivos que conduziriam a História. Nessa concepção, a ordem social, livre de conflitos, seria fator de progresso e as desigualdades seriam legitimadas como fatos universais e naturais. Os métodos pedagógicos e a relação professor/aluno seriam geralmente marcados pelo autoritarismo, pela concentração do poder e do saber na figura do professor e da autoridade do livro didático, pela atitude passiva e receptiva do aluno, ausentando-se daí elementos ativos, reflexivos e críticos no processo de ensino/aprendizagem.

Exaltar a pátria ou formar o cidadão

A organização dos conteúdos obedecia primeiramente à periodização mais usual da História Geral (a divisão quadripartite nas Idades Antiga, Média, Moderna e Contemporânea) e da História do Brasil (as divisões de Brasil Colônia, Império e República) e cada uma dessas partes estaria organizada cronologicamente, tendo como principais marcos divisórios episódios da história política considerados de grande significação.

Essas características ficavam claras na apresentação dos procedimentos a serem adotados pelos professores, boa parte deles tornados quase canônicos no ensino de História até os dias atuais. A elaboração de "pesquisas", entendidas como trabalhos de transcrição – nas quais os alunos copiam textos de outros livros sobre os temas indicados pelo professor –, era uma das principais estratégias indicadas para a realização de atividades. A metodologia pautava-se pelo direcionamento do processo, definindo o professor como o sujeito que transmite conhecimento e que determina tarefas, e o aluno como o sujeito que recebe o conhecimento e que cumpre tarefas. Uma rápida análise deste programa, por exemplo, para a então 5ª série, demonstra esse tipo de preocupação: as atividades sugeridas eram definidas como "estudo *dirigido*", "debate *dirigido*", "esquema *dirigido*", "dissertação *orientada*", "conclusões *orientadas*", "pesquisa *orientada*", etc.[45]

No final dos anos 1970, com a crise do Regime Militar, o processo de redemocratização e o advento de novas possibilidades de se pensar a realidade brasileira, ficou mais clara a necessidade de se promoverem mudanças no ensino de História. Esse processo foi iniciado no princípio dos anos 1980 em alguns estados brasileiros, resultando na elaboração de novos programas e novas propostas metodológicas para o ensino dessa disciplina nas escolas fundamental e média. Em muitos estados brasileiros a discussão sobre as novas propostas

---

[45] MINAS GERAIS. Secretaria de Estado da Educação. Programa de Ensino de Primeiro Grau – Estudos Sociais, 1975. (Grifos meus.)

para o ensino de História acabou por condensar anseios mais generalizados, principalmente no que diz respeito à elaboração de projetos educacionais que estivessem inseridos no processo de construção – ou de reconstrução – da democracia no Brasil. Ainda em meados da década de 1980, já se desenrolava intenso debate em São Paulo, envolvendo a Secretaria de Educação, os professores da rede pública de ensino, a imprensa e a indústria editorial, em torno das diversas propostas apresentadas para a reformulação do ensino de História naquele estado. Os embates defrontaram posições políticas distintas – à esquerda e à direita –, pois o projeto era, para uns, extremamente radical, "ultra-politizado" e "ultrassociologizado"; para outros era adequado à construção de uma sociedade democrática. Como as propostas surgidas em outras partes do país, ela propunha um ensino de História voltado para a análise crítica da sociedade brasileira, reconhecendo seus conflitos e abrindo espaço para as classes menos favorecidas como sujeitos da História. A demora na implementação dessas propostas – cerca de cinco anos – fez com que muitos professores, insatisfeitos e impacientes, passassem a elaborar seus próprios "currículos", o que também foi feito pelas editoras paulistas. Organizando "currículos" de História por meio da produção de livros didáticos, muitas delas acabaram, na prática, adotando "modelos" curriculares elaborados em outras cidades ou estados.[46] Entre eles, o preferido parece ter sido o de Minas Gerais, fato observável em muitas coleções didáticas para o segmento de 5ª a 8ª séries do ensino fundamental, publicadas nas décadas de 1980 e 1990, e destinadas à circulação nacional. Mesmo que não ocorresse uma adoção literal do programa mineiro, seus princípios básicos serviam de orientação às novas coleções, como a integração entre as histórias do Brasil e Geral, a organização dos conteúdos pela cronologia dos modos de

---

[46] Ver MUNAKATA, Kazumi. História que os livros didáticos contam, depois que acabou a ditadura no Brasil. In: FREITAS, Marcos Cezar de (Org.). *Historiografia brasileira em perspectiva*. São Paulo: Contexto, 1998. p. 271-296.

produção (das comunidades primitivas ao modo de produção capitalista), ou o uso de conceitos e expressões próprias do marxismo.[47]

No Rio de Janeiro, desde o final da década de 1970 já se notavam iniciativas numa direção semelhante à de Minas Gerais, menos pela elaboração e efetivação de programas oficiais e mais por experiências realizadas em escolas públicas e pela publicação de livros para o ensino médio que propunham uma nova abordagem.[48] Exemplo obrigatório é a coleção *História das Sociedades*,[49] que, em seus dois volumes, apresentava o conteúdo organizado de acordo com a evolução dos modos de produção, procurava inserir as "massas anônimas" na história e propunha questionamentos mais consistentes aos estudantes a respeito do processo histórico ocidental.

O programa curricular implantado em Minas Gerais, em 1986, foi considerado, por muitos, como uma síntese das expectativas de um ensino de História democrático e participativo, e que refletia o momento político vivido então.[50] Além da efervescência

---

[47] Entre algumas das coleções para o ensino fundamental (5ª a 8ª séries) de maior circulação naquele momento: VICENTINO, Cláudio. *História Integrada*. São Paulo: Scipione, 1998; MOTA, Carlos Guilherme; LOPEZ, Adriana. *História & Civilização*. 2 ed. São Paulo: Ática, 1995; SILVA, Francisco de Assis. *História do homem: abordagem integrada da História Geral e do Brasil*. São Paulo: Moderna, 1996; PILETTI, Nelson & PILETTI, Claudino. *História & Vida*. 11 ed. São Paulo: Ática, 1997.

[48] Sobre o debate no Rio de Janeiro, ver: ROCHA, Ubiratan. Proposta curricular do município do Rio de Janeiro: por que trabalhar com eixos conceituais em História? In: MONTEIRO, John Manuel; BLAJ, Ilana (Orgs.). *História & Utopias*. São Paulo: Associação Nacional de História, 1996.

[49] AQUINO, Rubim Santos Leão de *et al. História das Sociedades*. Rio de Janeiro: Ao Livro Técnico, 1978.

[50] Para análises destas propostas do período de redemocratização do Brasil, bem como de sua comparação com os programas curriculares de História do Regime Militar, ver: FONSECA, Selva Guimarães. *Caminhos da História ensinada*. Campinas, SP: Papirus, 1993; FONSECA, Thais Nivia de Lima e. *Os combates pelo ensino de História: novas questões, velhas estratégias*. Belo Horizonte: UFMG, 1996. Dissertação (Mestrado em Educação) – Programa de Pós-Graduação em Educação, Faculdade de Educação, Universidade Federal de Minas Gerais, Belo Horizonte, 1996; MUNAKATA, Kazumi. História que os livros didáticos contam, depois que acabou a ditadura no Brasil: In: FREITAS, Marcos Cezar de (Org.). *Historiografia brasileira*

provocada por essa nova proposta no meio docente, tanto secundário quanto universitário, também o meio editorial foi sacudido, na medida em que as editoras de livros didáticos se apressaram em ter autores que preparassem novos materiais consoantes com o novo programa, numa corrida por um mercado cada vez mais significativo. Em pouco tempo, ampliou-se a aprovação – entre professores, escolas e, em alguns casos, famílias de alunos – a esse novo programa e aos novos livros didáticos, numa condenação aberta ao chamado programa tradicional e suas respectivas metodologias de trabalho e materiais didáticos.

A nova proposta, ao operar uma inversão no sentido do ensino de História, apresentava a necessidade de rearranjo na seleção e na estruturação dos conteúdos, na opção por uma nova metodologia de ensino, o que naturalmente exigiria novas posturas por parte dos professores, em relação à concepção de História e de Educação e suas respectivas funções sociais. O novo programa foi apresentado como a realização do desejo de uma História "...mais crítica, dinâmica, participativa, acabando, assim, com a História linear, mecanicista, etapista, positivista, factual e heroica". As discussões levaram à opção por uma História que deveria ser resgatada "enquanto ciência, que possui um objeto e um método próprio de estudo, e de que o ensino dessa ciência requer um novo método e uma nova visão do seu conteúdo".[51] A partir da definição dessas perspectivas, elaborou-se o programa, tendo como eixo metodológico a

> análise das sociedades humanas, ao longo do tempo, através da percepção do trabalho humano, socialmente necessário e coletivamente construído, que determina e, ao mesmo tempo, é determinado pelas formas de organização social, política e ideológica dessas comunidades.[52]

---

em perspectiva. São Paulo: Contexto, 1998.

[51] SECRETARIA DE ESTADO DA EDUCAÇÃO DE MINAS GERAIS. Programa de História – 1º e 2º graus. Belo Horizonte, julho 1987. p. 9.

[52] SECRETARIA DE ESTADO DA EDUCAÇÃO DE MINAS GERAIS. Programa de História – 1º e 2º graus. Belo Horizonte, julho 1987. p. 9.

Definindo esses princípios e partindo da noção de que "os homens fazem a História e são produtores de seu próprio conhecimento histórico", os elaboradores do programa ressaltavam a necessidade de que esse princípio básico aparecesse na própria prática pedagógica, no cotidiano escolar, no processo de ensino/aprendizagem, integrando alunos e professores. A seleção dos conteúdos foi feita de modo a corresponder aos objetivos de trabalhar o ensino de História na perspectiva do rompimento com os pressupostos tradicionais. Além disso, foram explicitadas também algumas orientações metodológicas, às quais os professores deveriam estar atentos e que se adequassem aos seus fundamentos teóricos, isto é, o materialismo histórico. Sendo assim, seria necessária atenção para a distinção entre o tempo cronológico e o tempo histórico: o estudo da História levaria em conta as sociedades que têm maneiras análogas de produzir e de se organizar e que deveriam ser estudadas conjuntamente.

O programa enfatizava, ainda, a importância e a necessidade do domínio, pelo aluno, de alguns conceitos considerados fundamentais, em função do eixo teórico adotado: relações sociais, modos de produção, transição, classe dominante, classe dominada, apropriação do excedente, etc. Procurando tornar o ensino de História diferenciado em relação ao programa tradicional, havia, nessa proposta, a explicitação da preocupação com a análise historiográfica, ou seja, sobre "as diversas correntes de interpretação". O programa de 1986 pretendia que houvesse uma prática totalmente inovadora e diferenciada por parte de professores e alunos, por meio de uma mudança de pontos de referência, de visão do processo histórico que, deixando de privilegiar os grandes fatos políticos e as grandes personagens da história oficial, partiriam das lutas de classe e das transformações infraestruturais para explicar a história, revelando, assim, sua clara fundamentação no marxismo. Não é de admirar, assim, que num momento em que as lutas contra o regime autoritário e pelo processo de redemocratização do país, essa proposta para o ensino de História angariasse simpatias. Afinal, importantes grupos que lideravam aquele processo ligavam-se às tendências políticas de esquerda, vinculadas aos movimentos de inspiração socialista. A adoção dessa proposta extrapolou, portanto, sua dimensão oficial no estado de Minas Gerais, alcançando outras partes do Brasil por outras vias, que podiam ser os livros didáticos que se orientavam por ela e que circulavam nacionalmente, ou a elaboração de programas inspirados no "modelo" mineiro.

As características dessa proposta, no entanto, relegaram o processo histórico brasileiro, de certa forma "encaixado" num processo mais amplo e sujeito às mesmas "leis" e generalizações impostas pelo modelo teórico adotado. Além disso, a substituição da cronologia linear da história tradicional pela evolução dos modos de produção acabou por não romper substancialmente com o princípio etapista do programa tradicional, apenas abandonando um esquema fechado em função de outro, igualmente determinado. Alguns resultados concretos da adoção desse programa foram analisados por uma historiadora, integrante da Comissão de Vestibular da Universidade Federal de Minas Gerais, comentando respostas de candidatos nas provas dissertativas de História daquela Universidade, em meados da década de 1990:

> Quando se trabalha com este programa, com a ideia do modo de produção e a história do capitalismo, a História deixa de ter fato e de ter sujeito. É uma coisa absolutamente abstrata, funcionando com base na estrutura. Dessa forma não se pode explicar nada, porque não é a estrutura que funciona, são os atores, os sujeitos... Na verdade existem três atores: o Estado, perverso, que não é tratado (na verdade Estado e burguesia são vistos como a mesma coisa); a burguesia e a classe operária. A burguesia perversa, a classe operária boazinha e a História gira em torno disso. A ideia da história do capitalismo chega a esse ponto. Então os alunos perdem completamente o referencial, eles não têm ideia,

Exaltar a pátria ou formar o cidadão

vamos dizer, dos atores, do jogo de interesses, que é muito mais que duas classes fundamentais.[53]

As mudanças curriculares ocorridas no Brasil a partir da década de 1980 criaram a necessidade de materiais condizentes com os novos programas e, evidentemente, tal situação foi aproveitada por importantes editoras do país e muitas coleções destinadas ao ensino fundamental – sobretudo de 5ª a 8ª séries – foram lançadas. Um dos exemplos mais comentados é o das coleções *Construindo a História* e *Os caminhos do homem*, ambas de Adhemar Marques, Flávio Berutti e Ricardo Faria.[54] A primeira foi feita especialmente para acompanhar o programa de Minas Gerais e a segunda apareceu como sua nova versão, adaptada para consumo mais amplo, em várias regiões do Brasil. Em outros casos, autores da linha mais tradicional, que publicavam livros há muitos anos, tentaram acompanhar as novas tendências, promovendo reestruturações em suas obras, adaptando-as às novas propostas, agora também novas necessidades do mercado. Exemplo disso foram os livros que passaram a ter uma linguagem mais "materialista", um enfoque que acentuava os fatores econômicos sem, no entanto, abandonar suas inspirações historiográficas tradicionais e suas metodologias baseadas em resumos, questionários, sinopses cronológicas, etc. Entre esses casos de adaptações em obras tradicionais pode-se mencionar a coleção *História & Consciência*, de Gilberto Cotrim, e *História do Homem*, de Francisco de Assis Silva.[55]

---

[53] ANASTASIA, Carla Maria Junho. Depoimento à autora, em março de 1996, In: FONSECA, Thais Nivia de Lima e. *Os combates pelo ensino de História: novas questões, velhas estratégias*. Belo Horizonte: UFMG, 1996. Dissertação (Mestrado em Educação) – Programa de Pós-Graduação em Educação, Faculdade de Educação, Universidade Federal de Minas Gerais, Belo Horizonte, 1996.

[54] MARQUES, Adhemar; BERUTTI, Flávio; FARIA, Ricardo. *Construindo a História*. Belo Horizonte: Lê, 1988; MARQUES, Adhemar; BERUTTI, Flávio; FARIA, Ricardo. *Os caminhos do homem*. Belo Horizonte: Lê, 1991.

[55] COTRIM, Gilberto. *História & Consciência*. São Paulo: Saraiva, 1989; SILVA, Francisco de Assis. *História do homem: abordagem integrada da História Geral e do Brasil*. São Paulo: Moderna, 1996.

Se num primeiro momento a nova história a ser ensinada nas escolas apoiava-se teoricamente no materialismo histórico – e o momento político favoreceu, sem dúvida, essa escolha –, logo no final dos anos 1980 e início dos 1990 a historiografia brasileira acelerava um significativo processo de renovação, expondo a influência cada vez mais nítida da chamada "nova história", particularmente a tendência de origem francesa. A partir do momento em que o debate sobre o ensino de História considerava cada vez mais conscientemente seus vínculos com a produção historiográfica, não demorou muito para que as propostas curriculares passassem por avaliações críticas e que novas propostas surgissem, fossem elas de caráter oficial ou formuladas na prática docente. Não mais havendo, legalmente, a obrigatoriedade do uso dos programas oficiais, os professores e os autores dos livros didáticos dispunham de maior liberdade de ação, o que contribuiu para maior ousadia na proposição de programas e de conteúdos para o ensino de História na escola fundamental.

É importante salientar que a disciplina escolar História, embora mantivesse parte considerável de suas características de origem – desde que se constituiu como tal no século XIX –, incorporou de forma cada vez mais explícita a preocupação de professores, autores de livros didáticos e elaboradores de programas com a sintonia entre o saber científico e o saber escolar. Isso significa dizer que, para muitos, a qualidade do ensino de História ministrado nas escolas estaria diretamente relacionada à capacidade desta disciplina em levar para os ensinos fundamental e médio as discussões historiográficas mais recentes em curso no Brasil.

Por isso, tornou-se ainda mais desejável, a partir de meados da década de 1990, que os programas curriculares e os livros didáticos incorporassem as tendências da historiografia contemporânea, como foi o caso da história das mentalidades e da história do cotidiano, ainda hoje relacionadas quando se fala em inovação no ensino de História. Mais ou menos a partir de 1994, antes mesmo do aparecimento dos Parâmetros Curriculares Nacionais para o ensino fundamental, já surgiam propostas de ensino de História que procuravam incorporar aquelas tendências, independentemente de sua existência nos programas curriculares oficiais. A iniciativa partia, neste caso, de professores evolvidos em suas práticas cotidianas e de editoras que procuravam a dianteira no mercado editorial desta categoria. Um movimento assim capitaneado, tendo material didático de qualidade razoável à disposição dos professores, acabou por expandir a demanda por um ensino de História que não mais privilegiasse os fatos políticos singulares, os grandes nomes e a cronologia linear e que também não tivesse como alicerce uma análise essencialmente econômica do processo histórico.

Rapidamente a história das mentalidades e a história do cotidiano tornaram-se sinônimo de inovação no ensino, e em função delas estava à disposição do professor um elenco considerável de publicações didáticas e paradidáticas que se apresentavam como vinculadas àquelas tendências. Coleções paradidáticas como *O cotidiano da História* ou didáticas como *História – cotidiano e mentalidades* significavam, num primeiro momento, a experimentação num campo ainda inexplorado nos ensinos fundamental e médio. Com o tempo, à medida do aprofundamento do debate, isso passou a significar sinal de mudança de paradigmas no ensino de História. Observou-se um *boom* editorial na área, combinado, obviamente, às novas políticas educacionais, sobretudo no que toca à criação do Programa Nacional do Livro Didático (PNLD) e do sistema de compras de livros, pelos governos federal e estaduais, para distribuição nas redes públicas de ensino. A existência de um sistema de avaliação do livro didático a nível nacional e a vinculação das compras do governo a esta avaliação estimularam a produção editorial, tanto no que diz respeito à busca de melhor qualidade das publicações, quanto ao aumento das tiragens e do volume de vendas dos títulos aprovados pelo PNLD.

A associação dessas duas dimensões veio mediada pelos Parâmetros Curriculares Nacionais (PCNs), diretrizes de caráter orientador, não obrigatórias, mas que acabaram por tornar-se norteadoras das ações nos ensinos fundamental e médio. Isso significa que está cada vez mais clara a sua função, na prática, como uma espécie de "programa curricular" para o ensino de História e de definidor da estrutura dos livros didáticos e paradidáticos que, ao entrarem em processo de produção, vêm sendo pensados em conformidade com os PCNs e com os critérios de avaliação do PNLD.[56]

Mas o que dizer das práticas do ensino de História, concretamente, nas salas de aula? É notório que uma das características dos programas curriculares seja a de indicar para o professor o maior número possível de procedimentos, de metodologias adequadas às propostas apresentadas. Também os livros didáticos são cuidadosos na elaboração dos "manuais do professor", nos quais podem ser encontradas orientações metodológicas para o trabalho com os conteúdos e para o aproveitamento dos recursos apresentados pelo material. No entanto, nada disso garante, a rigor, alterações sensíveis nas práticas cotidianas dos professores, mudanças significativas nas concepções de História predominantes, controle sobre a diversidade de apropriações de conteúdos e de metodologias. Enfim, as práticas escolares não são um retrato fiel dos planejamentos. A disciplina escolar História, não obstante os movimentos na direção de outras formas de abordagem deste campo do conhecimento, ainda mantém, nas práticas, os elementos mais remotos que a conformaram como tal.

Esse é, a meu ver, um dos traços mais marcantes do ensino de História, sobretudo após o turbulento movimento de mudanças

---

[56] Essa situação ficou evidente com a legislação recente relacionada ao ensino de História da África. Ver: SANTOS, Lorene dos. *Saberes e práticas em redes de trocas: a temática africana e afro-brasileira em questão*. Belo Horizonte: UFMG, 2010. Tese (Doutorado em Educação) – Programa de Pós-Graduação em Educação, Faculdade de Educação, Universidade Federal de Minas Gerais, Belo Horizonte, 2010.

Exaltar a pátria ou formar o cidadão

que o atingiu a partir da crise do Regime Militar. Os alicerces construídos desde o final do século XIX, sustentados numa concepção tradicional de História, foram fortes o suficiente para manter um edifício que, apesar das reformas e das propostas de alteração na sua concepção, não se abala tão fortemente. Breve exemplo está em depoimentos de professores do ensino fundamental, colhidos em meados da década de 1990, no momento de seu maior envolvimento com as mudanças curriculares que propunham nova abordagem da História na escola. Em seu discurso, esses professores garantiam adesão incondicional ao "novo" ensino da disciplina. Justificando as vantagens do programa sustentado no materialismo histórico, diziam eles que

> Então, se o professor tem a capacidade de fazer uma relação, de estabelecer a *sequência de fato-causa-consequência* em um *processo contínuo*, o aluno amadurece neste processo.
>
> O programa parte, *realmente*, do princípio da História da Humanidade, desenvolvendo o aspecto da evolução do homem, dos fatos, das relações; o processo histórico *tem sempre uma causa, vai ter uma consequência,* amadurecendo o processo de raciocínio lógico do aluno. Então, todos os conceitos básicos, todas as estruturas, todas as formas sociais, são um *processo de evolução contínuo.*[57]

Não é necessário grande esforço para perceber uma concepção tradicional de História, herdeira do século XIX, no discurso que, vivamente, a condenava e que aderia a uma abordagem "revolucionária" da História na escola fundamental, que não mais enfatizaria os fatos políticos, mas sim os modos de produção. Alcançar essas práticas cotidianas, as

---

[57] Depoimentos de professores de colégios particulares de Belo Horizonte, dados à autora em outubro de 1995, In: FONSECA, Thais Nivia de Lima e. *Os combates pelo ensino de História: novas questões, velhas estratégias.* Belo Horizonte: UFMG, 1996. Dissertação (Mestrado em Educação) – Programa de Pós-Graduação em Educação, Faculdade de Educação, Universidade Federal de Minas Gerais, Belo Horizonte, 1996. (Grifos meus).

COLEÇÃO "HISTÓRIA &... REFLEXÕES"

relações efetivamente estabelecidas de professores e de alunos com a disciplina escolar História, é algo que ainda encontra dificuldades em sua realização. A maioria esmagadora dos trabalhos analíticos sobre o ensino de História dedica-se às suas dimensões formais, ou seja, às formulações dos programas e das diretrizes curriculares, à produção dos livros didáticos e paradidáticos. Isso sem considerar os conhecidos "relatos de experiências", que tratam da construção de caminhos alternativos para o ensino de História, geralmente de caráter localizado e, não raro, isolado.

Aquilo que diz respeito à maioria, contudo, não parece chamar muito a atenção dos pesquisadores do ensino de História, isto é, como ocorrem, na prática, as apropriações de programas e de diretrizes curriculares, de livros didáticos e paradidáticos, das propostas de inovação. Ainda são muito incipientes as pesquisas neste sentido, não obstante seja um campo de investigação altamente propício e farto de possibilidades.[58]

A disciplina escolar História certamente não é mais a mesma desde sua constituição no século XIX, muito embora ainda guarde alguns elementos de origem, alguns ligados às práticas de ensino e outros às concepções historiográficas. Mas deve-se considerar que, neste tempo, ocorreram processos im-

---

[58] Alguns interessantes trabalhos aos quais estive vinculada são: SIMAN, Lana Mara de Castro. Pintando o descobrimento: o ensino de História e o imaginário de adolescentes. In: SIMAN, Lana Mara de Castro; FONSECA, Thais Nivia de Lima e (Orgs.). *Inaugurando a História e construindo a nação: discursos e imagens no ensino de História*. Belo Horizonte: Autêntica, 2001. p. 149-170. Ver, também: FIGUEIREDO, Fernanda Coelho Soares. *A presença do livro didático de História no cotidiano escolar: práticas escolares e concepção de História no Regime Militar (1971-1983)*. Revista Iniciação Científica Newton Paiva, Belo Horizonte, v. 3, 2001/2002. Indicações de algumas pesquisas desta natureza estão em: IV Seminário Perspectivas do Ensino de História. *Caderno de Resumos*. Ouro Preto: Universidade Federal de Ouro Preto: Belo Horizonte: Centro Universitário Newton Paiva, 2001; SOUZA, Eliezer Raimundo de. *Saber acadêmico e saber escolar: a História do Brasil, da historiografia à sala de aula na primeira metade do século XX*. Belo Horizonte: UFMG, 2008. Dissertação (Mestrado em Educação) – Programa de Pós-Graduação em Educação, Faculdade de Educação, Universidade Federal de Minas Gerais, Belo Horizonte, 2008.

portantes que contribuíram para as mudanças em seu perfil e em sua estrutura, relacionados às transformações do próprio campo do conhecimento histórico, à formação dos professores, às políticas públicas relativas à educação de forma geral e ao ensino de História em particular, à organização escolar, entre outras questões. São todas elas dimensões de grande relevância, mas considerarei mais detalhadamente uma delas, que estudo mais verticalmente significativa para a compreensão das formulações teóricas e historiográficas e das práticas de sala de aula.

Política, cultura e o ensino de História

A constituição da disciplina escolar História e a organização de seu ensino nas escolas brasileiras esteve envolvida, desde o século XIX, em discussões políticas que estavam em relevo, em momentos diversos, conforme vimos anteriormente. Considerando o período do Brasil independente, no qual o Estado passou a assumir a gestão da educação, verifica-se o papel que o ensino de História ocupou, como importante elemento de formação moral, cívica e política das crianças e dos jovens. Pouco a pouco, conteúdos, procedimentos metodológicos e materiais didáticos foram sendo definidos e apresentados como instrumentos daquela formação, de modo que fossem capazes de atender às diretrizes de grupos politicamente dominantes.

A tarefa de fazer do ensino de História instrumento de legitimação de poderes e de formação de indivíduos adaptados à ordem social não poderia se resumir, no entanto, à imposição de uma abordagem da História que privilegiasse o Estado e a ação dos "grandes homens" como constituidora da identidade nacional. A imposição poderia até ocorrer, mas ao tratar de valores e de comportamentos ideais, não poderia deixar de haver certa sintonia destes com o universo cultural mais geral, do qual fazem parte a educação e os sujeitos nela envolvidos. Isso significa, por exemplo, que ao valorizar certo tipo de ação heroica e abnegada de alguns personagens da História como modelos de conduta moral e patriótica, o ensino de História, a par do que fazia a historiografia, trabalhava com noções e valores caros à formação cultural brasileira, de forte herança cristã, sobretudo católica. A identificação da população escolar com esses valores certamente facilitaria a apreensão daquilo que se queria transmitir e reforçar, do ponto de vista da formação moral e política, pelo menos até meados do século XX.

A constatação dessa questão é possível por meio da análise de programas curriculares – nos quais se definiam conteúdos e metodologias –, bem como do material didático produzido, principalmente os livros de História e as cartilhas de Moral e Cívica. Nessas fontes evidenciam-se as diretrizes políticas e historiográficas do ensino de História, mas é necessário considerar também outras, aquelas nas quais é possível perceber as formas de apropriação e de circulação dos valores que eram apresentados como essenciais aos objetivos gerais da educação. Essas relações ficam mais claras com a análise de uma situação que pode ser considerada "clássica" no ensino de História, isto é, às suas características épicas e exaltadoras, recorrentes até, pelo menos, meados do século XX.

Entre outros momentos, a chamada "Era Vargas" é particularmente privilegiada quanto às ações do Estado no sentido de orientar o ensino de História para a formação moral e política. O governo de Getúlio Vargas, desde 1930, entendeu a importância do cultivo de uma história e de uma memória nacionais para a construção da identidade nacional. Suas estratégias não se limitavam ao ensino escolar propriamente dito, mas iam além, atingindo políticas de preservação do patrimônio histórico e da celebração da memória da nação, por meio das festas cívicas. Essas ações foram, afinal, mantidas por várias décadas, marcando fortemente o chamado período populista, até o início da década de 1960.

Foi como parte dessas estratégias que episódios e personagens da história do Brasil alcançaram posição de relevo e alguns

Exaltar a pátria ou formar o cidadão

dos mais destacados referiam-se à antiga Capitania de Minas Gerais, ficando em primeiro plano a Inconfidência Mineira e seu personagem mais famoso, Tiradentes. Além de já ter sido realçado pela historiografia nacionalista, desde o século XIX, este episódio e seu personagem-símbolo representavam uma época e uma região tidos como matrizes da nacionalidade e da cultura brasileiras. Os intelectuais do movimento modernista haviam considerado as minas setecentistas como a origem dessa cultura e tal posição foi incorporada ao discurso e às estratégias do Estado no processo de sua legitimação no pós-30. Por isso, a Inconfidência Mineira e Tiradentes passaram a ocupar papel exemplar no ensino de História e nas celebrações patrióticas em todo o Brasil.

As concepções unitaristas e nacionalistas da educação, presentes desde o século XIX, foram acentuadas pelas reformas Francisco Campos, de 1931, e Gustavo Capanema, de 1942, que elegeram o estudo da História como instrumento central na educação política, e a disciplina História do Brasil como fundamental na formação moral e patriótica. Essa educação encontraria nos livros didáticos importantes instrumentos e junto às festas cívicas, constituiriam eficaz arsenal pedagógico.

Livros didáticos e comemoração cívica atuam como mediadores entre concepções e práticas políticas e culturais, tornando-se parte importante da engrenagem de manutenção de determinadas visões de mundo e de história. Os livros didáticos têm sido, de fato, grandes responsáveis pela permanência de discursos fundadores da nacionalidade. É fundamental, portanto, discutir as suas dimensões como lugar de memória[59] e como formador de identidades, evidenciando saberes já consolidados, aceitos socialmente como as "versões autorizadas" da história da nação e reconhecidos como representativos de uma origem comum. A festa cívica, por sua vez, constitui

---

[59] Cf. NORA, Pierre. Les Entre mémoire et histoire. In: *Les lieux de mémoire*. Paris: Quarto/Gallimard, 1997.

exteriorização dos valores inscritos no ensino de uma história nacionalista e, ao envolver a escola, cumpre seu papel educador, de acordo com os interesses de seus organizadores. Assim, por meio dos livros didáticos e das festas cívicas, pode-se perceber as relações entre política, cultura e ensino, pelas representações construídas e pelo imaginário, quadro no qual pode ser analisado o papel de determinados eventos históricos como a Inconfidência Mineira.

Até a instalação da República, em 1889, ela não aparecia com destaque nos manuais escolares que, ou a ignoravam ou minimizavam sua importância, embora alguns autores do Império a considerassem como parte do processo de emancipação, não como precursora da construção do Estado independente, mas como mentora de uma ideia de pátria e de nação. A celebração do 21 de abril, no entanto, só passou a ter significado político e pedagógico na segunda metade do século XIX, à medida que as ideias republicanas se propagavam. E desde aquela época, observava-se a participação do mundo da escola na festa cívica, principalmente no Rio de Janeiro e em Minas Gerais, cenários do episódio celebrado e centros políticos importantes. Ainda durante o Império, já se organizavam essas celebrações, como a que ocorreu, por exemplo, em Ouro Preto, em 1882, na qual estiveram presentes estudantes de escolas religiosas e da Escola de Minas, discursando, carregando bandeiras e flores em homenagem aos inconfidentes de 1789.[60]

Os republicanos, após 1889, não alteraram substancialmente as diretrizes da produção historiográfica ou dos manuais didáticos. Mas operaram uma inversão significativa na abordagem dada à Inconfidência Mineira, elevada agora à condição de movimento-símbolo da luta republicana. Tiradentes foi entronizado como seu herói e mártir, numa construção

---

[60] Sobre esta festa, ver: FONSECA, Thais Nivia de Lima e. Festas cívicas e universo cultural: Minas Gerais no século XIX. In: PAIVA, Eduardo França; ANASTASIA, Carla Maria Junho (Orgs.). *O trabalho mestiço: maneiras de pensar e formas de viver – séculos XVI a XIX*. São Paulo: Annablume: PPGH/UFMG, 2002.

de fundamentação religiosa bastante evidente. As referências religiosas eram já fortes em relatos contemporâneos sobre a execução de Tiradentes e sobre seu comportamento diante das autoridades. A existência de uma memória não registrada sobre esses acontecimentos não é uma hipótese descartável, e as referências culturais de base religiosa dos militantes e historiadores republicanos do final do século XIX devem ser consideradas na análise das formulações sacralizadas construídas em torno de Tiradentes.[61] A sua aceitação como herói republicano seria facilitada, numa sociedade de forte formação católica, pela associação entre o sacrifício cristão e o sacrifício patriótico. Os manuais didáticos, até, pelo menos, meados do século XX, manteriam essas construções, parte importante das concepções educacionais, de formação cívica e moral dos jovens brasileiros desta época. Civismo e moral estabeleciam o laço entre política e religião, visível também no discurso político do período. Tem-se aí um conjunto de representações em torno do episódio Inconfidência Mineira e de seu principal personagem, apropriadas ao longo do século XX por grupos políticos e sociais os mais diversos, em diferentes momentos, com múltiplos interesses e objetivos.

Na busca da recuperação do passado no quadro do ideário nacionalista, a ênfase em grandes feitos e grandes heróis não poderia deixar de ser considerada. Uma das ideias mais caras a essa perspectiva é a do trabalho em prol do coletivo, o serviço prestado à nação e o sacrifício pela pátria. O discurso sacralizado será, portanto, perfeitamente adequado aos objetivos do Estado, sobretudo quando, no final da década de 1930,

---

[61] Sobre as análises da construção historiográfica das representações de Tiradentes, ver: CARVALHO, José Murilo de. *A formação das almas: o imaginário da República no Brasil.* São Paulo: Companhia das Letras, 1990; FONSECA, Thais Nivia de Lima e. *Da infâmia ao altar da pátria: memória e representações da Inconfidência Mineira e de Tiradentes.* São Paulo: USP, 2001. Tese (Doutorado em História Social) – Programa de Pós-Graduação em História Social, Faculdade de Filosofia, Letras e Ciências Humanas, Universidade de São Paulo, São Paulo, 2001.

estaria em curso a reabilitação da memória dos inconfidentes de Minas Gerais, com o repatriamento das cinzas dos que morreram no exílio africano e com a criação do Museu da Inconfidência, em Ouro Preto. Vários livros didáticos publicados, principalmente, durante o Estado Novo reforçariam o tom sacralizado e épico da conspiração mineira, enfatizando a beatitude de Tiradentes, valorizando a atitude abnegada do herói. Assim, ao lado das referências culturais de base religiosa, verifica-se a ênfase no civismo e no patriotismo de Tiradentes, elementos explorados pela propaganda varguista, num esforço de produção de sentimentos capazes de soldar as relações sociais no processo de construção de uma identidade nacional coletiva. É o que torna a ideia de sacrifício pela pátria elemento precioso na pedagogia do Estado Novo. A ideia de um sentimento patriótico, nacionalista, convergente, que justificaria o trabalho em prol da pátria e até mesmo o sacrifício supremo por ela, encontra no episódio da Inconfidência Mineira e sobretudo na atuação de Tiradentes o terreno ideal para deitar as raízes das diretrizes morais e cívicas do regime.

O que, por exemplo, nos textos didáticos monarquistas aparecia como falta de habilidade, de realização profissional e de sucesso material de Tiradentes, surge, para os republicanos, como um conjunto de qualidades de um homem com múltiplos talentos, entre os quais o político e o revolucionário. No período do Estado Novo, quando a valorização do trabalho era tônica da propaganda política, Tiradentes aparece, sem dúvida, como o protótipo do brasileiro laborioso, talentoso e esforçado:

> Entre os mais afeiçoados à ideia libertadora, figurava um alferes de cavalaria, Joaquim José da Silva Xavier, o Tiradentes. Era um homem pobre, de coração generoso, inteligência viva, amante do progresso, um autodidata, cheio de ardor e capaz de grandes empreitadas. [...] Não era nem sonhador, nem entusiasta vulgar. Tinha senso da realidade, espírito prático, realizador, produto que era de um meio, onde se cultivavam as letras, empreendiam-se organizações, lutava-se com a aspereza da

terra e procurava-se disciplinar a fortuna. [...] Era o tipo representativo do brasileiro do século XVIII, cujas virtudes e qualidades os pósteros herdaram, nos seus cometimentos e empresas pela libertação moral, intelectual e econômica do Brasil, entre os quais citamos José Bonifácio, Cairú, Mauá, Rebouças e tantos outros.[62]

A valorização do trabalho nesse trecho do livro didático de Artur Viana encontra clara ressonância na obra doutrinária do Estado Novo, em que esta questão figurava como uma das centrais na definição da nova cidadania que se desejava construir.[63]

Cartaz do álbum *A juventude no Estado Novo* (DIP).
Museu da Escola de Minas Gerais. Foto: Thais Nivia de Lima e Fonseca

A representação do bom brasileiro, cara ao regime, era justamente a do trabalhador, e identificar Tiradentes como homem trabalhador só reforçaria sua imagem como exemplo a ser seguido pela

---

[62] VIANA, Artur Gaspar. *História do Brasil para a 3ª. série ginasial*. São Paulo: Editora do Brasil, 1944. p. 336.

[63] Ver: CAPELATO, Maria Helena Rolim. *Multidões em cena: propaganda política no varguismo e no peronismo*. Campinas, SP: Papirus, 1998.

juventude.[64] As ideias de pobreza honrada, progresso, inventividade, capacidade empreendedora e espírito coletivo aparecem claras em vários textos de propaganda do Estado Novo, tal como no trecho selecionado. No final da citação, o autor estabelece uma ponte entre o brasileiro do século XVIII e o do século XX, indicando a adequação do modelo escolhido. Entre os "tantos outros" poderia, muito bem, figurar o próprio Getúlio Vargas.

A ressonância dos elementos diretivos da educação moral e política podia ser sentida em trabalhos realizados por estudantes das escolas primárias e secundárias, muitas vezes publicados nos jornais de maior circulação, como parte das estratégias pedagógicas nos momentos comemorativos. Um aluno do 3º ano ginasial do Ginásio São Bento, do Rio de Janeiro, escrevia sobre Tiradentes, em sua composição, que a

> sua alma cívica, a sua fé em Cristo deram-lhe forças para que pudesse suportar aqueles dois longos anos de prisão e ainda encontrasse coragem suficiente para fortalecer o ânimo combalido de seus companheiros de infortúnio. Aí é que se revela o seu grande caráter são, nobre e grande: só então é que Tiradentes nasce para o panteão da imortalidade! No dia 21 de abril de 1792, no campo da Lampadosa, Rio de Janeiro, subiu a [sic] forca o impávido herói; firme em sua crença, admirável em sua grandeza moral, mais alto que a forca aonde uma sentença o erguia, levantou-se para a Pátria como símbolo imortal da Liberdade![65]

Após o Estado Novo não se verificaram mudanças substanciais nas diretrizes para o ensino de História ou para a for-

---

[64] Sobre o trabalho como ideia-força do Estado Novo e sua relação com a educação, ver: VAZ, Aline Choucair. *Política, trabalho e intolerância: ensino primário e as práticas educativas em Minas Gerais (1930-1954)*. Belo Horizonte: UFMG, 2012. Tese (Doutorado em Educação) – Programa de Pós-Graduação em Educação, Faculdade de Educação, Universidade Federal de Minas Gerais, Belo Horizonte, 2012.

[65] "Acerca da Inconfidência". *Jornal do Brasil*. Rio de Janeiro, 22 de abril de 1937, p. 10. Seção Livro Aberto às Crianças.

mulação dos manuais. Na verdade, parte significativa dos livros que foram produzidos nesse período continuaram a ser utilizados até o início da década de 1960, em sucessivas reedições, sempre preocupados com o papel de Tiradentes na formação moral e política dos jovens brasileiros. Ele continuou, assim,

Livro escolar *A pátria brasileira*, de Coelho Neto
e Olavo Bilac, 28ª edição, 1957. Coleção da autora.

a ser apresentado como o modelo de conduta ideal. Exemplo da continuidade e da força dessas representações está na longevidade de livros como *A pátria brasileira*, de Olavo Bilac e Coelho Neto, que, em 1957, já na sua 28ª edição, lembrava aos alunos das escolas primárias ser a Inconfidência Mineira a "primeira tentativa de independência da pátria" e Tiradentes o seu mártir, cujas gotas de sangue "não caíram em terreno estéril, porque a árvore do sacrifício se fez árvore de redenção, e a República é o fruto da semente de martírio lançada à terra nessa manhã de Abril".[66]

---

[66] BILAC, Olavo & NETO, Coelho. *Educação Moral e Cívica: a Pátria Brasileira para os alunos das escolas primárias*. 28 ed. Rio de Janeiro: Livraria Francisco

Essa representação foi fartamente apropriada pelo discurso político e difundida no universo escolar entre 1930 e 1960. Em verdade, a escola já aparecia, no início do governo de Getúlio Vargas, como o espaço privilegiado para a prática do civismo. Conectando a escola e os meios de comunicação, o Ministério da Educação deixava clara a amplitude de suas ações e qual seria o seu direcionamento. No momento em que o estado de guerra decorrente dos conflitos internos com os opositores do regime esvaziava as ruas, nada mais apropriado do que internar a celebração do dia de Tiradentes: as transmissões de rádio se encarregariam de levar a comemoração para dentro de casa e das escolas, por meio de palestras e discursos sobre o tema, declamações de poemas e execução de hinos patrióticos.

Passada a crise e instalado o Estado Novo, a comemoração do 21 de abril expandiu-se e diversificou-se quanto às atividades incorporadas à celebração. Tornou-se, no entanto, monolítica, repetindo-se todos os anos, em praticamente todos os lugares, segundo a mesma estrutura. A espontaneidade que ainda podia ser vista nas festas dos períodos anteriores, organizadas por obra e graça de associações e de entidades da sociedade civil, com modesta intervenção do Estado, quase desapareceu. Em seu lugar, a comemoração comandada, decretada, induzida que, se não obedecia a um ritual fixo e preestabelecido – como veremos a partir do governo de Juscelino Kubitschek –, seguia claramente princípios normativos de cunho ideológico e político. Sua função primordial era a de formar a consciência cívica do cidadão trabalhador, moldá-lo de modo a transformá-lo em uma barreira eficaz às ameaças ao regime, tanto internas quanto externas. Em tudo ressaltava a ideia da unidade, não importando se o objeto da celebração estava mais ou menos próximo, histórica e culturalmente, dos que eram chamados a celebrá-lo.

Essa homogeneidade observada entre 1937 e 1945 era, assim, resultante da concepção de uma nação una e coesa, que

---

Alves, 1957, p. 202.

deveria reconhecer de maneira unânime uma só história, compartilhar uma mesma memória, cultuar os mesmos heróis e, em função disso, o Ministério da Educação assumiu a gestão do calendário cívico. A ideia do uno aparecia, ainda, no destaque àqueles setores da sociedade brasileira a quem fora atribuído, pelo Estado Novo, papel relevante na construção e na consolidação da nação: as escolas, as associações de trabalhadores e as instituições militares. Esses grupos apareciam como os principais protagonistas das celebrações, feitas por eles e para eles. A pretensão da unidade também se expressava na uniformidade dos programas celebrativos realizados nas escolas, quase os mesmos em todos os lugares do Brasil e, em geral, obedecendo à mesma sequência: hasteamento da bandeira; execução do Hino à Bandeira e do Hino Nacional; palestras para estudantes e trabalhadores; apresentação de trabalhos escolares sobre Tiradentes; declamação de poesias alusivas à Inconfidência Mineira e aos seus principais personagens; apresentação de poemas e peças sobre temas patrióticos; leitura da biografia de Tiradentes; dramatizações da Inconfidência Mineira; competições esportivas. A conclamação do povo ao patriotismo e à defesa nacional, a exemplo do que fizera Tiradentes no século XVIII, já anunciava, também, o discurso que se faria depois da entrada do Brasil na Segunda Guerra Mundial. O sacrifício de Tiradentes deveria ser seguido por seus compatriotas, instados a participarem da luta contra o fascismo na Europa.

No início de 1942, já rompidas as relações diplomáticas do Brasil com os países do Eixo, aumentava cada vez mais a expectativa da entrada do país na guerra. Nas comemorações de 21 de abril de 1942, antes mesmo da declaração formal de guerra, que ocorreria em agosto daquele ano, Tiradentes já servia como o exemplo do sacrifício que talvez tivessem que fazer muitos jovens brasileiros. Numa sessão cívica realizada no Cine Brasil, em Belo Horizonte, à qual compareceu grande público, ficou registrado o apelo ao sacrifício da juventude, no discurso do representante dos diretores de escolas secundárias da cidade. Depois de uma preleção sobre o martírio de Tiradentes, o diretor o apontou, segundo o jornal *Estado de Minas*, como "exemplo à juventude, de quem a pátria agora, mais do que nunca, irá necessitar. Sua oração [do diretor] foi uma conclamação à mocidade, para que num juramento solene, assumisse o compromisso ineludível [sic] de ir ao sacrifício – se precisar – para defesa de nossa civilização e liberdade". Sugestivamente, no encerramento da sessão, acabou sendo criado o Centro do Culto Cívico da Juventude Brasileira, com sede na escola dirigida pelo mesmo orador, "com o fim de homenagear os grandes vultos brasileiros".[67] Guardadas as especificidades de cada momento, essas práticas se mantiveram para além do Estado Novo.

Nas escolas, em que as celebrações do 21 de abril serviram de pretexto para ações pedagógicas, isso ficava ainda mais claro onde a Igreja católica esteve envolvida diretamente com o ensino. Na solenidade comemorativa de 21 de abril de 1950, no Colégio Santo Agostinho de Belo Horizonte, um dos padres da escola, discursando para os alunos, exaltava a memória de Tiradentes e o exemplo dado por ele:

> Na sua figura lendária, veneramos e cultuamos através das datas, as figuras hercúleas dos que derramaram seu sangue pelo engrandecimento da pátria, pela liberdade do Brasil, pelo seu progresso e pelas suas grandes tradições de povo cristão. Tiradentes é um símbolo, um modelo que a mocidade não pode esquecer e por terem alguns esquecido esse ideal sublime da honra, do dever e da religião, vemos a pátria brasileira em perigo, minada por esses mesmos filhos ingratos que tudo receberam dela e agora nada querem lhe dar. O verdadeiro patriota tem que se levantar contra esse perigo. O jovem de caráter e, principalmente o moço católico, tem que vibrar de amor patriótico e sair dessa

---

[67] "Toda a cidade comemorou ontem o Dia de Tiradentes". *Estado de Minas*. Belo Horizonte, 22 abril de 1942. p. 3.

inércia esgotadora das energias duma mocidade que é a esperança da pátria, sendo, por isso mesmo, alvo dos agentes dissolventes dos sentimentos cristãos e patrióticos que a todo custo querem ganhar a mocidade.[68]

Desenho infantil vencedor de concurso do Jornal *Estado de Minas*, 1949. Foto: Thais Nivia de Lima e Fonseca

Preocupado com a ação dos "agentes dissolventes dos sentimentos cristãos" – leia-se, os comunistas –, o padre fez um jogo de associações que obrigaria os jovens estudantes de um colégio católico a manterem a coerência entre sua opção religiosa e suas obrigações patrióticas. Essa ligação pátria/religião permeava, num sentido mais amplo, as concepções educacionais na primeira metade do século XX, impregnando profundamente o ensino de História.

A partir de 1952, a celebração do 21 de abril passou por um processo de reorganização promovido por Juscelino Kubitschek, inicialmente quando governou o estado de Minas Gerais e depois já como presidente da República. Sua ação foi

---

[68] "O dia de Tiradentes brilhantemente comemorado no Colégio Santo Agostinho". *Diário de Minas*. Belo Horizonte, 23 de abril de 1950. p. 5, 7.

no sentido de construir uma tradição comemorativa, segundo ritual preestabelecido que, além de manter muitos aspectos das comemorações das décadas anteriores, incorporou outros, como a transferência simbólica da capital mineira para Ouro Preto e a criação da Medalha da Inconfidência. O caráter pedagógico dessa celebração ficava patente nos atos e nos discursos pronunciados naquelas ocasiões, sempre alusivos ao momento político e voltado à exortação dos sentimentos patrióticos, e na farta utilização do universo escolar como instrumento de educação moral e política. A presença dos estudantes das escolas públicas e particulares deixou de ser ocasional e ganhou papel de destaque, com atuação e funções bem-definidas. Eram esses estudantes, por exemplo, os condutores das imagens de Tiradentes – em geral na forma de cartazes e painéis – e dos pavilhões nacional e estaduais.

Nas escolas, os livros didáticos ainda se mantinham com as mesmas características das décadas anteriores, entendendo o ensino de História como instrumento de formação moral e política, no viés nacionalista já indicado. Mas não deixavam, contudo, de atender também às exigências da conjuntura política, como podemos perceber em alguns livros utilizados na década de 1950, durante o governo de Juscelino Kubitschek, que falavam sobre os mineiros que estudavam na França,

> onde então se falava muito em democracia, isto é, um sistema de governo em que o poder é desempenhado por homens eleitos pelo próprio povo. É bom lembrar que, naquela época, em quase todo o mundo, as populações obedeciam aos reis, cujo poder era considerado alguma coisa de sagrado. Aproveitando o descontentamento geral, os idealistas de Minas Gerais queriam implantar, no Brasil, um governo democrático, o que significava a independência ou a extinção do domínio português.[69]

---

[69] LOBO, R. Haddock. *Pequena História do Brasil – Para o curso primário, com indicações dos principais fatos de nossa vida econômica.* 2 ed. São Paulo: Melhoramentos, 1957, p. 60.

Esse texto encontrava clara sintonia com o discurso político dominante na época, a começar pelos que foram pronunciados pelo próprio Kubitschek em todas as comemorações de 21 de abril das quais participou durante seus mandatos. Não obstante o fim do Estado Novo tenha trazido tempos de maior liberdade e participação política, a concepção predominante de História não abdicava da ideia de que os destinos dos homens são conduzidos pelos "grandes vultos", e a escola continuava a enfatizar essa perspectiva. Guiados pelos livros didáticos, pelas aulas dirigidas e pelas comemorações cívicas, os estudantes continuavam a elaborar composições como a do menino da cidade de Dores do Indaiá, que, ao explicar as insatisfações contra a coroa portuguesa, no final do século XVIII, ressaltava que

> ...faltava quem desse o grito de revolta, o grito que fizesse com que os brasileiros se unissem num só ideal, num só objetivo. Faltava quem fosse guiar, quem fosse conduzir os brasileiros naquele movimento tão nobre de libertação. E eis que, do centro da terra brasileira, do coração do Brasil, surge uma figura heroica e destemida que iria conduzir os passos do brasileiro naquela conspiração. Tiradentes! Eis o nome desse herói. Um herói que brilhou na História Pátria, que acendeu nos corações brasileiros a chama da liberdade.[70]

A cultura escolar produziu, ainda, no âmbito do ensino de História e em suas relações com a pedagogia nacionalista, trabalhos escolares, desenhos feitos pelas crianças, cartazes, programações festivas, com o intuito de celebrar o passado nacional e seus grandes heróis. O resultado dessa produção expressava as múltiplas referências presentes neste universo, provenientes da historiografia, da formação religiosa, da circulação da literatura infantil, da difusão de obras de arte pelos manuais escolares, das festas populares, entre outros. Em muitos desenhos feitos pelos

---

[70] "A Inconfidência Mineira". *Estado de Minas*. Belo Horizonte, 17 de abril de 1949. Caderno Gurilândia. Segunda Seção. p. 4.

alunos da escola primária, e publicados em jornais do Rio de Janeiro e de Minas Gerais, Tiradentes era representado em seu perfil sacralizado, às vezes numa releitura de imagens presentes nos livros didáticos, mescladas a referências provenientes de outras fontes, comuns nas escolas e no universo infantil, como as ilustrações de cartilhas de catecismo, representando Jesus Cristo. Tanto nesses desenhos, quanto nos textos escritos pelas crianças, a ideia da salvação é posta em relevo, muitas vezes organizada na estrutura narrativa dos contos de fadas, também eles elementos frequentes nas escolas e no cotidiano infantil.

As práticas escolares que resultaram desse processo e que se enraizaram não podem ser vistas apenas como o produto da eficácia do direcionamento imposto pelo Estado naquele momento, mas também como a solução dada ao encontro de elementos culturais que se organizavam, dando sentido a uma história que, se queria, fosse a de todos os brasileiros. Livros didáticos, composições, desenhos infantis, pinturas e obras historiográficas apontam para uma percepção da história da nação como obra de espíritos elevados e de atos de heroísmo, destinada a ser mais celebrada do que compreendida. Uma história de caráter sacralizado, visível, por exemplo, na interpretação dos episódios que cercam o martírio de Tiradentes, indicando as bases de um universo cultural fortemente marcado pelo catolicismo. A análise do movimento das representações de Tiradentes no universo escolar demonstra, ainda, como a educação é um poderoso instrumento de legitimação política, o que foi percebido com muita lucidez pelos grupos que assumiram o poder em 1930. As bases de formação cívica e nacionalista por eles lançadas deitaram raízes profundas, sobrevivendo ao regime que as criara e, com certeza, ainda produzem efeitos nos dias atuais.

Muitas transformações ocorreram na historiografia, nas artes, no ensino de História, desde aquela época. Não obstante, muitas das antigas ideias ainda ecoam no alvorecer do século XXI e, mesmo que, aparentemente, não despertem mais interesse, continuam a ser repetidas e, de certa forma, a fazer sentido. Assim

Exaltar a pátria ou formar o cidadão

é que, sob os auspícios do governo do estado de Minas Gerais, as escolas públicas mineiras receberam, em abril de 2001, um livrinho intitulado *Joaquim José: a história de Tiradentes para crianças*.[71] Escrito e ilustrado por um publicitário e artista plástico de Belo Horizonte, ele comprova o quanto as representações tradicionais de Tiradentes mantiveram-se caras na defesa de uma identidade, nacional ou regional – neste caso, sobretudo da última –, e o quanto ainda servem a interesses políticos. O livro foi publicado e distribuído como parte das estratégias de propaganda do governo estadual, que usava, mais uma vez, a Inconfidência Mineira como instrumento de combate e de legitimação política. O Tiradentes-Cristo está presente no texto, mas sobretudo nas primorosas ilustrações do autor, que ao mesmo tempo heroificam e sacralizam o personagem, apresentando-o militante, bandeira na mão, pregando a revolução, cercado por seus companheiros-discípulos, elevado à sacralidade por anjinhos sorridentes.

No conjunto da história tradicional do Brasil, talvez o único personagem que possa se aproximar de Tiradentes em termos de exaltação patriótica na época do populismo seja D. Pedro I.[72] Mas com a desvantagem de não ter vivido o calvário que levaria o alferes Joaquim José da Silva Xavier à heroificação sacralizada. A exaltação ao primeiro imperador do Brasil, envolvendo o ensino de História e a comemoração cívica, sustentava-se na ideia da unidade nacional, cuja construção ele teria iniciado. A valorização de D. Pedro I seria feita em associação à de Getúlio Vargas, como responsáveis por esta unidade, em momentos

---

[71] FARIA, Hélio. *Joaquim José: a história de Tiradentes para crianças*. Belo Horizonte: Secretaria de Estado da Educação de Minas Gerais, 2001.

[72] Sobre as comemorações nacionalistas da proclamação da Independência do Brasil e a exaltação a D. Pedro I, ver: VAZ, Aline Choucair. *A escola em tempos de festa: poder, cultura e práticas educativas no Estado Novo (1937-1945)*. Belo Horizonte: UFMG, 2006. Dissertação (Mestrado em Educação) – Programa de Pós-Graduação em Educação, Faculdade de Educação, Universidade Federal de Minas Gerais, Belo Horizonte, 2006; SCHEMES, Cláudia. *Festas cívicas e esportivas: um estudo comparativo dos governos Vargas (1937-1945) e Perón (1946-1955)*. Novo Hamburgo, RS: Feevale Ed, 2005.

diferentes da história da nação. A ideia de independência, para o período populista, estaria associada à conquista da independência econômica, resultado dos projetos de desenvolvimento em pauta naquela época. Mesmo assim, D. Pedro acabava sendo lembrado como o realizador dos projetos de independência que levaram Tiradentes, seu precursor, à forca.

As imbricações entre política, cultura e ensino de História, não obstante apresentem traços da permanência de concepções antigas, expressam também as conjunturas distintas que as cercam. Um rápido exame dos Parâmetros Curriculares Nacionais ou de relatos de experiências de professores que procuram alternativas para este ensino evidencia a sua contemporaneidade, ao abordar questões tais como o multiculturalismo, as questões sociais de maior relevância no país, as práticas da cidadania, entre outras. Da formação do súdito fiel à monarquia, à do cidadão consciente e participativo, o ensino de História tem caminhado em consonância com as questões de seu tempo, mesmo que em alguns momentos – particularmente os de regimes políticos autoritários – o direcionamento e o cerceamento sejam maiores e mais prejudiciais à reflexão histórica.

Este breve estudo sobre uma das dimensões do ensino de História durante o período chamado populista indica as possibilidades de avanço neste campo de investigação. A incorporação de importantes categorias de análise como práticas culturais – aqui vistas na dimensão da cultura escolar –, de representações e de imaginário ajudam na compreensão da complexidade das relações presentes na escola. Essas noções fazem parte dos aportes teóricos da História Cultural em muitos campos da investigação histórica no Brasil. Da forma como foi sugerida neste capítulo, a análise sobre as práticas de ensino de História, nesta perspectiva, rompe com a ideia de que elas dizem respeito somente aos métodos de ensinar. Vistas nas suas relações com o imaginário e as representações políticas e com a cultura escolar, elas se mostram multifacetadas, expondo as ações dos sujeitos nela envolvidos, a multiplicidade de interesses presentes em sua constituição, as referências culturais de que se alimentam.

CAPÍTULO IV

Procurando pistas, construindo conexões: a difusão do conhecimento histórico[73]

A história do ensino de História apresenta linhas de continuidade e de rupturas quanto às suas características, metodologias, conteúdos e materiais didáticos. As tentativas de análise de mais longa duração passam pela construção de conexões entre a produção historiográfica, a elaboração de programas curriculares, a produção de livros didáticos e as práticas de ensino inscritas no cotidiano das práticas escolares. É importante, como esforço de avanço, averiguar as formas de apropriação do conhecimento histórico escolar e suas permanências na memória coletiva, por meio de representações reconhecidas como "verdades" históricas comprovadas. Para empreender este esforço, nada como analisar um tema que tem passado por profundas modificações em termos de pesquisa e análise na historiografia brasileira contemporânea, mas que se mantém pouco alterado no ensino de História: a escravidão existente no Brasil entre os séculos XVI e XIX.

O exercício analítico aqui proposto tem o objetivo de alavancar a discussão que pretendemos realizar acerca da difusão do conhecimento histórico para além do espaço escolar, sem termos a pretensão de estar à frente de interessantes estudos que têm sido realizados por jovens pesquisadores sobre a presença da escravidão e dos negros no ensino de História, inclusive depois da Lei 10.639/03.

---

[73] Este capítulo foi escrito em coautoria com Rodrigo de Almeida Ferreira, a quem agradeço a colaboração e parceria.

Já é bastante difundida a revisão realizada pela historiografia brasileira sobre o tema da escravidão, processo que tem desconstruído noções há muito arraigadas, sustentadas nas ideias de dominação e de submissão absolutas na relação entre senhores e escravos, numa perspectiva reducionista sobre o funcionamento do escravismo no Brasil até sua extinção no final do oitocentos.[74] O ensino de História, no entanto, tem incorporado de forma muito limitada esse revisionismo, não obstante as recentes propostas curriculares que defendem maior sintonia entre este ensino e as tendências da historiografia contemporânea. A breve análise que proponho neste capítulo, como exercício de abordagem histórica do ensino de História no Brasil, utilizou como principais fontes livros didáticos usados em diferentes momentos, durante o século XX, por serem o material impresso mais próximo e influente nas práticas escolares cotidianas e por poderem ser recapturados pela estimulação de uma "memória escolar", por meio das lembranças daqueles que os utilizaram na escola.

Conforme já comentei, até meados do século XX a produção historiográfica brasileira caracterizava-se por seu traço tradicional, comumente chamado de positivista, e os livros didáticos produzidos acompanhavam essa tendência, de uma história essencialmente política e militar, épica e exaltadora dos grandes feitos dos grandes vultos da nação. Exemplo disso está no espaço considerável reservado, tanto nos programas

---

[74] Sobre este revisionismo ver, principalmente: CHALHOUB, Sidney. *Visões da liberdade: uma história das últimas décadas da escravidão na Corte*. São Paulo: Companhia das Letras, 1990; FIGUEIREDO, Luciano Raposo de Almeida. *O avesso da memória: cotidiano e trabalho da mulher em Minas Gerais no século XVIII*. Rio de Janeiro: José Olympio: Brasília: Ed. da UnB, 1993; LARA, Silvia Hunold. *Campos da violência: escravos e senhores na capitania do Rio de Janeiro (1750-1808)*. Rio de Janeiro: Paz e Terra, 1988; LARA, Silvia Hunold. *Fragmentos setecentisas. Escravidão, cultura e poder na América portuguesa*. São Paulo: Companhia das Letras, 2007. LIBBY, Douglas Cole. *Transformação e trabalho em uma economia escravista: Minas Gerais no século XIX*. São Paulo: Brasiliense, 1988; PAIVA, Eduardo França. *Escravidão e universo cultural na colônia: Minas Gerais, 1716-1789*. Belo Horizonte: Ed. da UFMG, 2001.

curriculares quanto nos livros didáticos daquela época, a temas como a expulsão dos holandeses do Pernambuco, no século XVII, ou à Guerra do Paraguai, no final do século XIX. Esses temas permitiam uma abordagem profundamente nacionalista, dando àqueles acontecimentos o caráter de fundadores ou de consolidadores da identidade nacional coletiva.

Nessa época, as referências à escravidão no ensino de História eram apenas pontuais, sendo ela apresentada, sobretudo, como elemento constituinte e necessário da organização econômica no Brasil, efeito quase inevitável da montagem da colonização portuguesa na América. Os autores dos livros didáticos não deixavam, contudo, de mencionar o triste destino dos negros tornados escravos no Brasil. O tom dado aos textos, no entanto, aproximava-se muito mais de um discurso piedoso de fundo cristão, inclusive nas referências às manifestações da resistência, como a formação dos quilombos:

> Desde os primeiros tempos do regime servil (meados do século XVI) começaram os negros a protestar contra a impiedade dos seus opressores. No último grau da miséria, ignorantes, e às vezes deprimidos pelos vícios, em cuja voragem procuravam afogar a consciência do seu infortúnio, os escravos tinham de sofrer castigos rigorosos principalmente quando caíam sob a manopla de senhores desumanos, que tudo do escarmento reclamavam. Desamparados de todo o mundo, entregues a todos os caprichos da força – o único refúgio do seu desespero era o recesso das florestas, os alcantis das montanhas, onde iam disputar às feras a clemência da solidão.[75]

Deve-se mencionar, também, as esperadas palavras de louvor à princesa Isabel como a responsável pela abolição da escravidão no Brasil, a redentora do sofrimento dos infelizes

---

[75] POMBO, Rocha. *História do Brasil*. 19 ed. São Paulo: Cia. Melhoramentos, [S/d]. p. 157-158.

escravos. Nesses livros, a responsabilidade pela existência da escravidão era, muitas vezes, atribuída sutilmente aos próprios africanos, pois já teriam o costume de escravizar seus próprios irmãos na África. Esses africanos maus venderiam outros, os bons, aqueles que viriam para o Brasil. Por isso, os negros, escravizados, seriam vítimas de sua própria inferioridade frente aos brancos. As qualidades neles reconhecidas seriam as da esperteza, da força física, da obediência, da cordialidade, o que os diferenciava dos índios, mais selvagens, mais rebeldes e, ainda, comedores de gente. Mais raramente apareciam referências às lutas no quilombo de Palmares como única lembrança das ações protagonizadas pelos negros fora do mundo do trabalho escravo. Isso significa que, efetivamente, não se valorizavam outras dimensões de suas vidas, ligando-os, necessariamente, ao trabalho pesado, aos castigos físicos e à violência.

Quanto às imagens, os livros publicados até meados do século XX eram ainda pobres no que se refere à iconografia sobre os negros e sobre a escravidão. Raros eram aqueles que incluíam reproduções de gravuras antigas, como as de Johann Moritz Rugendas ou as de Jean-Baptiste Debret, às vezes desenhos feitos por ilustradores que recriavam obras de arte conhecidas ou inventavam cenas do trabalho dos escravos no Brasil, principalmente nas fazendas.

Não obstante as inovações metodológicas operadas nas ciências sociais a partir da década de 1960, o que incluía novas abordagens historiográficas, o ensino de História e os livros didáticos praticamente não alteraram suas características na forma de tratamento do tema da escravidão. A vigência do Regime Militar, obviamente, impediu que as análises acadêmicas realizadas naquele momento, sustentadas pelo marxismo, fossem incorporadas aos textos didáticos e a escravidão permaneceu um tema secundário, com as características tradicionais acima apontadas. Se podemos identificar alguma diferenciação a partir desta década, é no que se refere a uma maior preocupação com a introdução de imagens, ainda com sensível predominância das gravuras produzidas no século XIX, mas sem nenhuma discussão crítica a seu respeito, sem interação com o texto escrito, agindo, portanto, como meras ilustrações para o conteúdo apresentado.

O processo de redemocratização política e suas implicações na produção acadêmica brasileira acabaram por influenciar a elaboração de alguns livros didáticos, a partir do início da década de 1980, nos quais a escravidão era analisada na ótica da economia mercantilista, enfatizando-se a importância do tráfico de escravos e de seus lucros como motivadores da introdução dos escravos africanos no Brasil. O negro, sempre escravo, seria representado unicamente como mercadoria e mão de obra, inclusive por meio das imagens que ilustravam esses livros. Eles só deixariam esses papéis nos momentos de luta contra o cativeiro, mais uma vez sintetizada na formação dos quilombos. Alguns textos, mesmo quando mais bem cuidados, concentravam-se nessa perspectiva da pura exploração, alimentando uma visão maniqueísta da história e, de fato, tirando dos negros, escravos ou não, as possibilidades de outras atividades e ações em sua vida no Brasil. As formas de resistência que não envolviam a violência – como algumas manifestações culturais – eram tratadas nestes livros como apenas simbólicas, sem resultados efetivos, em contraposição à resistência "real", "verdadeira", como as fugas e a formação dos quilombos:

> Em troca do seu trabalho os escravos recebiam três "pês": pau, pano e pão. E reagiam a tantos tormentos suicidando-se, evitando a reprodução, assassinando feitores, capitães-do-mato, proprietários. Em seus cultos os escravos resistiam, simbolicamente, à dominação. A macumba era, e ainda é, um ritual de liberdade, protesto, reação à opressão do Deus dos brancos. Rezar, batucar, dançar e cantar eram maneiras de aliviar a asfixia da escravidão. A resistência acontecia também no real – na fuga das fazendas e na

formação de quilombos, aldeias de negros foragidos que tentavam reconstituir nas matas brasileiras sua vida africana. Cada quilombo era uma "Angola janga", isto é, uma pequena Angola.[76]

A imagem dos três "pês" ficou marcada no ensino de História na década de 1980. Afirmativas como "o negro entrou na sociedade brasileira como cultura dominada, esmagada"[77] excluem importantes formas de inserção dessa população na sociedade brasileira desde o período colonial e, de tão enraizadas, dificultam, ainda hoje, a aceitação, no ensino de História, de outras abordagens já presentes na historiografia. Elas os mostram como sujeitos atuantes na vida cotidiana do Brasil, para além do trabalho compulsório, se relacionando com outros segmentos da população, procurando controlar suas próprias vidas, tentando traçar seus destinos.

Essas abordagens, mais recentes, de caráter revisionista, foram incorporadas mais frequentemente pelas coleções paradidáticas, mais que pelas didáticas, em geral pelo fato de as primeiras serem, geralmente, escritas por especialistas. Os livros didáticos, mesmo quando anunciam sua preocupação com maior sintonia com a historiografia contemporânea, se mostraram mais resistentes a uma abordagem que não visse o negro somente como coisa ou como vítima. Até mesmo livros que se apresentaram vinculados à história do cotidiano e das mentalidades traziam longos textos sobre a escravidão moderna, nos quais seus aspectos comerciais eram enfatizados e quando pretendiam tratar do cotidiano, reforçavam apenas as situações ligadas ao trabalho pesado, aos castigos, à violência, ao sofrimento, inclusive pela seleção iconográfica realizada.

---

[76] ALENCAR, Chico et al. *História da sociedade brasileira*. Rio de Janeiro: Ao Livro Técnico, 1996. p. 32. A primeira edição é de 1980.

[77] ALENCAR, Chico et al. *História da sociedade brasileira*. Rio de Janeiro: Ao Livro Técnico, 1996. p. 33.

Em uma dessas coleções, cujo subtítulo é exatamente "cotidiano e mentalidades",[78] o tema da escravidão foi tratado em dois capítulos, um que abordava o tráfico negreiro e outro, a sociedade mineradora. Em ambos, na seção "Cenas cotidianas", somente a dureza do trabalho foi levada em conta na análise da vida cotidiana dos escravos. No primeiro capítulo, os seis parágrafos da seção falavam da captura dos africanos na África, da violência das ações dos traficantes, dos sofrimentos no percurso até a América, da exposição dos negros nos mercados de escravos no litoral brasileiro, das manifestações violentas de resistência ao cativeiro. Todas as imagens selecionadas para este capítulo mostravam situações de tortura, castigos, aprisionamento, fugas. No outro capítulo, a sessão "Cenas cotidianas" voltava a tratar dos escravos e seu dia a dia era retratado somente na dimensão dos horrores da escravidão:

> Logo depois de comer, voltavam às suas tarefas, que muitas vezes se prolongavam noite adentro. Mesmo enfrentando as longas e extenuantes jornadas, alguns escravos conseguiam autorização de seus senhores para realizar jornada extra: mineravam após o encerramento dos trabalhos e nos domingos e dias santos, quando os demais tinham folga. [...] Ao final do dia os escravos formavam uma longa fila para que fossem revistados pelo feitor e seus ajudantes, que procuravam ouro escondido. Alguns deles conseguiam escapar à revista, escondendo pequenas quantidades do metal no corpo, nas roupas, no ânus ou nos cabelos. Depois de revistados, carregavam os sacos de algodão contendo o ouro extraído que seria entregue ao proprietário da lavra. Algumas vezes, eram obrigados a dormir na própria mina em que estavam trabalhando, já que o dono queria extrair o ouro mais rapidamente. Na senzala ou na mina, a

---

[78] DREGUER, Ricardo & TOLEDO, Eliete. *História: cotidiano e mentalidades*. São Paulo: Atual, 1995.

última refeição era semelhante ao almoço; em seguida, eram acorrentados para dormir.[79]

Nenhuma menção a outras atividades que, sabemos, eram desempenhadas pelos escravos nas cidades da região mineradora, ou mesmo nas do litoral do Brasil. Também nenhuma palavra – ou imagem – sobre outros aspectos do cotidiano, como as festas, batuques, procissões, conversações ocorridas nas ruas. Alguns livros didáticos publicados depois de 1997, apresentaram uma discussão mais ampla sobre a questão da escravidão em vários momentos da história – inspiradas pelas sugestões de tratamento dos temas transversais dos Parâmetros Curriculares Nacionais –, mas ainda dedicando pouco espaço à incorporação das abordagens historiográficas mais críticas, que apresentam o negro, escravo ou forro, como um sujeito que não é o tempo todo vítima ou coisa. Ainda aqui a iconografia aparece expressando a preocupação dos autores com estes últimos aspectos e é possível perceber quase que uma hegemonia das gravuras produzidas por viajantes estrangeiros no Brasil, no século XIX. Uma dessas coleções, *História temática*,[80] não obstante a maior abrangência da abordagem e o privilegiamento de aspectos culturais ligados à presença dos africanos no Brasil – bem como de temas correlatos, como práticas de escravidão no Brasil contemporâneo, a questão do preconceito e da discriminação –, manteve algumas ideias-força, principalmente em relação à predominância da resistência por meio da violência.

Este rápido percurso pela trajetória do ensino de História visto por meio dos livros didáticos publicados até o final do século XX e de seu tratamento do tema da escravidão nos permite perceber a insistente permanência de uma abordagem historiográfica ultrapassada em muitos de seus aspectos. Essa

---

[79] DREGUER, Ricardo & TOLEDO, Eliete. *História*: cotidiano e mentalidades. São Paulo: Atual, 1995. p. 116.

[80] MONTELATTO, Andrea; CABRINI, Conceição; CATELLI JÚNIOR, Roberto. *História temática*. São Paulo: Scipione, 2000.

concepção tradicional acerca do tema é ainda reforçada por outros mecanismos de difusão do conhecimento histórico, que fazem-no circular apoiando-se, sobretudo, no saber escolar. Não obstante a educação histórica escolar ser um importante parâmetro para a difusão da História, preocupações relativas à circulação do conhecimento histórico para além desse espaço de construção do saber também devem ser consideradas. Desde o final do século XIX, por exemplo, revistas especializadas divulgavam trabalhos dos historiadores, mas também surgiram importantes publicações que não estavam necessariamente vinculadas à produção acadêmica.[81]

A dimensão pública da História se constituiu em objeto de reflexão mais estruturada por parte dos historiadores, bem como de outros produtores do conhecimento histórico, a partir das décadas de 1960 e 1970. Sob a rubrica de *história pública,* reconhece-se nas renovações historiográficas processadas naquelas décadas[82] as condições para o estabelecimento desse campo da história, que procura reconhecer e estimular a produção do conhecimento histórico para além dos muros acadêmicos.

Uma ação significativa, nesse sentido, ocorreu na Universidade de Oxford, em 1976, que passou a publicar o *History Workshop Journal,* tendo em sua direção Raphael Samuel.[83] A publicação logo se tornou um importante espaço de debate e de promoção da história pública, cuja premissa era favorecer

---

[81] CARDOSO, Oldimar. Concepções sobre função social da História em revistas de divulgação científica. In: ANPUH – SIMPÓSIO NACIONAL DE HISTÓRIA, 25., 2009, Fortaleza. *Anais...* Fortaleza, 2009. p. 5760-5765; FONSECA, Thais Nivia de Lima e. Mídias e divulgação do conhecimento histórico. *Revista Aedos.* Porto Alegre, UFRGS, n. 11, vol. 4, p. 129-140, set. 2012.

[82] Citam-se, como exemplos, a *New Review Left* – publicação aglutinadora de intelectuais, sobretudo ingleses ligados ao pensamento marxista, que promoviam a renovação nos procedimentos de análises históricas, políticas e sociais – e dos três volumes que compõem a obra *Faire de l'histoire,* marco da Nova História Cultural, dirigidos pelos franceses Jacques Le Goff e Pierre Nora, então à frente do influente grupo dos *Annales.*

[83] Os números publicados podem ser acessados por meio do site: http://hwj.oxfordjournals.org/.

a circulação do conhecimento histórico para um público mais amplo e não especialista. A concepção de história pública, portanto, não é nova. No Brasil, contudo, é recente a reflexão mais atenta sobre sua prática. Assinala-se o século XXI como o momento em que a academia e profissionais de outras áreas têm se dedicado com maior atenção ao tema. Essa mobilização é demarcada a partir da realização do I Simpósio Internacional de História Pública: a história e seus públicos, em 2012, na Universidade de São Paulo. Os debates ali ocorridos levaram os participantes a perceberem pontos comuns na realização de seus trabalhos, o que propiciou, então, a constituição da Rede Brasileira de História Pública (RBHP),[84] que tem promovido ações para se pensar e difundir o campo da história pública no país.[85]

Ampliar a divulgação da História para além dos portões universitários passa pelo deslocamento da narrativa histórica da estrutura tradicional acadêmica para outros tipos de linguagem. Esse movimento revela outra característica da história pública: a produção transdisciplinar, por meio de narrativas sobre a história realizadas por profissionais que não são propriamente historiadores, mas atuantes em outras áreas, como cineastas, arquivologistas, patrimonialistas e literatos. Isso porque tais narrativas também podem produzir sentido histórico. Isso não implica, contudo, a desqualificação da ciência histórica em favor da emergência da história pública. Na verdade, quanto maior o leque de áreas pesquisando de modo reflexivo o passado e promovendo a divulgação dessas pesquisas, mais ampla será a circularidade do saber histórico, favorecendo o desenvolvimento da cultura histórica entre não acadêmicos.

---

[84] Disponível em: <www.historiapublica.com>.

[85] No processo de organização dos trabalhos em história pública no Brasil, destaca-se o livro *Introdução à história pública*, organizado por Juniele Rabêlo de Almeida e Marta Gouveia de Oliveira Rovai, publicado no ano anterior a realização do I Simpósio Internacional de História Pública (2012). Entre as ações da RBHP para divulgação da temática, está a realização dos simpósios bianuais.

Conforme ressaltam os propagadores da história pública, não se trata de estabelecer uma hierarquia entre a história realizada pelos historiadores e aquela produzida pelos não especialistas no ofício historiográfico. É mais significativo, na prática da história pública, reconhecer a relevância e o impacto social que determinadas produções não acadêmicas podem representar para a circulação de temas históricos, pois pode direcionar o olhar sobre temáticas que, muitas vezes, estavam à margem, ou mesmo fora da produção historiográfica e do ensino de História. Mesmo que essas narrativas destoem das pesquisas acadêmicas, parece mais produtivo para o ensino problematizar as contradições, de modo a estimular o debate sobre a temática, ao invés de invalidá-las.

Concordamos que muitos temas históricos são conhecidos não em decorrência do ensino da disciplina escolar História, mas por narrativas realizadas em outros campos, por exemplo, literatura, música, carnaval e/ou televisão. Tomando a escravidão como exemplo da circulação do conhecimento histórico, tem-se o emblemático caso de Chico Rei, cuja história se faz presente na memória negra, sobretudo de Minas Gerais.[86] Trata-se da história de Galanga, um rei tribal africano escravizado e enviado para trabalhar nas minas auríferas de Vila Rica (Ouro Preto), onde foi rebatizado como Francisco, daí seu apelido Chico Rei. Com o passar do tempo, foi alforriado e, auxiliado pela Irmandade de Nossa Senhora do Rosário dos Homens Pretos de Vila Rica, adquiriu a mina de ouro de seu antigo proprietário. Com a riqueza dali extraída, Chico Rei comprava a liberdade de outros escravos.

---

[86] A análise que se segue sobre a circulação do conhecimento histórico à luz da história pública decorre do trabalho: FERREIRA, Rodrigo de Almeida. *Cinema, História Pública e Educação: circularidade do conhecimento histórico em Xica da Silva (1976) e Chico Rei (1985).* Belo Horizonte: UFMG, 2014. Tese (Doutorado em Educação) – Programa de Pós-Graduação em Educação, Faculdade de Educação, Universidade Federal de Minas Gerais, 2014.

Corrente na memória popular, essa história, contudo, não possui respaldo documental. Ainda que inscrita no campo lendário, a trajetória de Chico Rei foi tema de diversos registros, especialmente em notas jornalísticas. A lenda foi também trabalhada por Cecília Meireles em *Romanceiro da Inconfidência*, publicado em 1951. Neste livro, a poetisa retoma a história da Inconfidência Mineira sem, contudo, restringir-se aos personagens centrais do movimento insurrecional. Lançando mão da liberdade poética, Cecília Meireles criou cantos em que homens do povo ganharam representatividade, ainda que historicamente não tenham participado da insurreição contra a Coroa portuguesa. É o caso de Chico Rei, referenciado nos cantos iniciais do *Romanceiro*. Ao narrar a trajetória do ex-escravo/ rei, a poetisa apresenta ao leitor aspectos da escravidão ocorrida em Minas Gerais. Além de sensibilizar para os traumas do escravismo, os cantos funcionam como denúncia em que se estabelece um paralelo entre o infortúnio do escravizado e a situação de explorado do colono – sendo a última o motivo contra o qual se levantarão os inconfidentes. À época do lançamento do livro, a poetisa fez uma leitura incomum sobre o cotidiano do cativo e sua luta pela liberdade, pois a história de Chico Rei se caracteriza pela busca da libertação via negociação e princípios jurídicos existentes na sociedade colonial.

Quinze anos depois do lançamento de *Romanceiro da Inconfidência*, o médico e romancista Agripa Vasconcelos defendia a natureza verídica da história do ex-escravo que se tornou proprietário de mina de ouro.[87] Vasconcelos foi o autor da coleção Saga no País das Geraes, composta por seis títulos sobre personagens que se destacaram na formação histórica e cultural de Minas Gerais nos tempos da colonização, como Chica da Silva e Dona Beija.[88]

---

[87] VASCONCELOS, Agripa. *Chico Rei*. Belo Horizonte: Itatiaia, 1966.

[88] A coleção é composta por: *Fome em Canaã; Sinhá Braba: Dona Joaquina de Pompéu; A vida em flor em Dona Beja; Gongo Socó: o barão de Catas Altas; Chica que manda; Chico Rei*. A história de cada um desses personagens-título integra uma temática da Saga no País da Geraes, qualificada como *Romance do ciclo do...*

Procurando pistas, construindo conexões:
a difusão do conhecimento histórico

O escritor frisava que a redação de seu *Chico Rei* estava sustentada em pesquisas realizadas em arquivos portugueses, embora a localização das fontes não tenha sido assinalada. O romance histórico de Vasconcelos tem outro aspecto significante para a circulação do conhecimento histórico: a preocupação em abordar a vida do protagonista no continente africano. Assim, o público vem a conhecer o passado de Chico Rei quando ele era um nobre que se tornou rei após sua atuação na guerra de Maramara. O escritor acompanha a travessia de Galanga e seu grupo no navio negreiro até chegar como escravo a Vila Rica de Ouro Preto, onde sua sorte mudaria graças à sua astúcia.

Ainda sobre Chico Rei, outra narrativa a ser destacada é o desfile da escola de samba carioca Acadêmicos do Salgueiro. Recém-fundada (1953), o Salgueiro começou a se distinguir por construir seus enredos carnavalescos a partir de temas da memória negra, tornando protagonistas de seus enredos sujeitos históricos como Zumbi de Palmares (1960) ou Chica da Silva (1963). Em 1964, defendendo o título conquistado no ano anterior com Chica da Silva, a escola narrou a história do ex-escravo que conseguiu alforriar companheiros de cativeiro, reestabelecendo laços de solidariedade do tempo em que era rei de sua tribo africana. O sucesso do desfile levou a escola ao vice-campeonato.

Como enredo carnavalesco, portanto, ampliavam-se consideravelmente as fronteiras daquele conhecimento sobre Chico Rei e a escravidão. Entre os motivos que contribuíram para ampliar a divulgação e a circulação desse conhecimento histórico, deve-se considerar o papel do carnaval na cultura popular e as características do gênero carnavalesco e do desfile de escola de samba, cuja linguagem, em meio à alegria festiva, provoca impacto pela estética e pela sonoridade musical do samba. Além disso, merece destaque a expressiva repercussão na imprensa escrita naquele período, informando o sucesso de

---

Assim, cada título pertence, respectivamente, ao *Romance do Ciclo do: latifúndio; agropecuária; povoamento; ouro; diamantes; escravidão.*

mais um desfile salgueirense que usava a temática negra para ressaltar sua importância na formação sócio-histórica do Brasil.

O cinema foi outro suporte narrativo que se rendeu aos elementos históricos e dramáticos inscritos na trajetória de Chico Rei. Sob direção de Walter Lima Júnior, o projeto fílmico que tinha como coprodutora uma rede televisiva alemã, previa uma minissérie (não exibida no Brasil) e um longa-metragem. As filmagens foram iniciadas em 1979, mas o filme só foi concluído em 1985, pois problemas entre o diretor e os produtores nacionais e estrangeiros quase inviabilizaram todo o projeto.

O filme de Walter Lima Júnior é um drama histórico que reforça a opção do protagonista pela negociação a fim de obter a liberdade para seus pares. Aspectos da história da sociedade setecentista, como a administração portuguesa, as relações escravistas, o tráfico de escravos e o trabalho de mineração são abordados na narrativa fílmica com acentuado didatismo, revelando uma preocupação pedagógica. Essa concepção estava presente desde o momento em que Walter Lima Júnior foi convidado para dirigir o projeto, pois considerou perigoso o excesso de adaptações e liberdades históricas no roteiro-piloto, escrito por Mário Prata. Para o diretor, havia no projeto aspectos importantes da memória nacional que não podiam ser pervertidos em prol do sucesso comercial. Diante disso, condicionou sua participação à reescrita do roteiro, redobrando cuidados para uma produção especializada que orientasse seu trabalho de direção.

Walter Lima Júnior demonstrou entender a complexidade da relação entre cinema, história e a mediação do conhecimento histórico. No filme *Chico Rei,* a preocupação do diretor em sustentar historicamente a narrativa se faz ao explicitar suas fontes, utilizando para isso o recurso das cartelas informativas, às quais lança mão por três vezes. A primeira ocorre logo na abertura, por meio da explicação sobre a escravização de milhares de africanos e seu transporte para o continente americano. Na sequência, a segunda cartela indica ao espectador as fontes de inspiração da história: tradição oral mineira, poesia de Cecília Meireles e memória do negro brasileiro. A terceira

Procurando pistas, construindo conexões:
a difusão do conhecimento histórico

cartela aparece somente ao final do filme. Intitulada Fontes Essenciais de Consulta, essa cartela indica as fontes bibliográficas consultadas para a pesquisa histórica.[89] Apesar dos percalços em sua produção, o filme atingiu seu propósito de narrar aspectos da escravidão no Brasil desde a captura e a escravização no continente africano até o dilema da luta pela liberdade em terras americanas. Os trabalhos de roteirização e direção assinalam uma prática da história pública não só por retomar aspectos das representações anteriores sobre Chico Rei/escravismo e articulá-las numa nova narrativa, mas também pela intenção em favorecer a circulação do conhecimento histórico sobre aquele período para um público além do espaço escolar. O reconhecimento dessas características "educativas" orientou sua exibição, por exemplo, no programa Sessão da Tarde da *TV Globo,* por ocasião do centenário da abolição da escravatura, em 13 de maio de 1988.

Originário da tradição oral mineira, Chico Rei se perpetuou nas festividades populares, como as congadas e o carnaval, nos registros escritos literários e no cinema. Ainda que ficcional, sua história transcorre no contexto do período escravista brasileiro, cujo conteúdo é significativo no programa da disciplina de História para os ensinos fundamental e médio. Mesmo fora dos manuais escolares, as narrativas realizadas contribuem para uma educação histórica de caráter não escolar. Além disso, tais narrativas podem integrar o planejamento didático pedagógico docente a ser desenvolvido em sala de aula. De fato, alguns livros didáticos indicam esse filme ao final do capítulo que aborda o período colonial, o ciclo do ouro ou a temática da escravidão.[90]

---

[89] A cartela cita o autor e o título do livro, na seguinte ordem: Nina Rodrigues – *Os africanos no Brasil*; Jacob Gorender – *O escravismo colonial*; Arthur Ramos – *O negro na civilização brasileira*; Roger Bastide – *As religiões africanas no Brasil*; Agripa de Vasconcelos – *Chico Rei*; Franz Fanon – *Os condenados da terra.*

[90] Ver análise desse aspecto em FERREIRA, Rodrigo de Almeida. *Cinema, História Pública e Educação: circularidade do conhecimento histórico em Xica da Silva (1976) e Chico Rei (1985).* Belo Horizonte: UFMG, 2014. Tese (Doutorado em Educação) – Programa de Pós-Graduação em Educação, Faculdade de Educação, Universidade

A circulação do conhecimento histórico está, portanto, atrelada às maneiras de narrar e comunicar a narrativa. Sob essa perspectiva, é preciso considerar que, além dos mecanismos tradicionais para se contar uma história, como a escrita, a música e mesmo a iconografia, os registros audiovisuais e tecnológicos adquiriram papel cada vez mais destacado a partir do último quartel do século XX. Entre outros mecanismos, atualmente, figuram as ocasiões comemorativas e os meios de comunicação de massa, principalmente no formato cinematográfico e televisivo, que atingem uma população maior que outros como, por exemplo, a imprensa escrita. A relação entre o cinema e a história é antiga. Desde 1895, produtores de filmes têm buscado inspiração na história, resultando em muitos filmes cujos roteiros são baseados em acontecimentos factuais. Todavia, ficções também podem dialogar com a história quando a trama se desenvolve em um contexto histórico.[91] À medida em que a linguagem cinematográfica se desenvolvia, uma potencial relação entre o filme e a educação também era percebida. Na década de 1920, o líder fascista italiano Benito Mussolini estimulou a criação de uma instituição voltada para a produção de filmes educativos. A ideia foi bem recebida em outros países, inclusive por educadores brasileiros que destacaram a necessidade de incluir a nova tecnologia em um projeto moderno de educação, como expressado pelos chamados *escolanovistas* nas décadas de 1920 e 1930.

De fato, ao considerar que o cinema tinha grande alcance e permitia a educação da população, inclusive do grande contingente de analfabetos existente naquele período, o governo de Getúlio Vargas, meses antes do golpe que instaurou o Estado Novo, estruturou o Instituto Nacional de Cinema Educativo (INCE),

---

Federal de Minas Gerais, 2014.

[91] Para a relação entre cinema e história, ver: FERRO, Marc. *Cinema e história*. São Paulo: Paz e Terra, 1992; LAGNY, Michèle. *Cine e historia: Problemas y métodos en la investigación histórica*. Barcelona: Bosch, 1997; ROSENSTONE, Robert A. *A história nos filmes*. Os filmes na História. São Paulo: Paz e Terra, 2010.

que se tornou um importante centro produtor e difusor de filmes ligados às temáticas educacionais. Além desta atuação, cabia ao INCE preparar o docente para utilizar o cinema, capacitando-o para o uso da moderna ferramenta didática. Os filmes poderiam auxiliar o professor no ensino das Ciências, da História, do Português, da Geografia e outras disciplinas e conteúdos, bem como contribuir para a formação do futuro cidadão.[92]

O INCE sobreviveu ao fim do Estado Novo, vindo a ser substituído em 1966 por um novo órgão estatal para os assuntos cinematográficos: o Instituto Nacional de Cinema (INC). Sua atuação foi afinal reduzida, já que a Embrafilme – empresa criada em 1969 para auxiliar o INC na produção e distribuição do cinema nacional – gradativamente se tornou a referência para os assuntos ligados à produção e comercialização da cinematografia nacional. Reflexo da crescente centralidade da Embrafilme no setor foi a definitiva incorporação do INC, em 1975, pela empresa.

A Embrafilme manteve como um dos seus objetivos o antigo propósito do uso do filme na perspectiva educativa e conformadora de uma identidade nacional, focada, sobretudo, nos temas históricos. O filme *Chico Rei* foi viabilizado dentro da inédita linha de crédito especial criada pela Embrafilme, em 1977, intitulada Projeto Filmes Históricos, que deveria fomentar produções nessa área.

A televisão, dada a sua popularização e ao seu alcance domiciliar, possui um potencial ainda maior do que o cinema quanto ao papel da divulgação da temática histórica. Apesar das similaridades inerentes ao audiovisual relativas ao cinema e aos produtos televisivos, duas distinções podem ser pontuadas quanto às especificidades da linguagem desses suportes narrativos e que impactam seu aspecto educacional. A primeira diz respeito a efemeridade da produção voltada

---

[92] SIMIS, Anita. *Estado e Cinema no Brasil*. 2 ed. São Paulo: Annablume, 2008; MORETTIN, Eduardo Victório. *Humberto Mauro, cinema, história*. São Paulo: Alameda, 2013.

para a TV, pensada para ser consumida instantaneamente, enquanto o filme termina por se inscrever, geralmente, de modo mais longevo como produto cultural, tanto que clássicos da indústria cinematográfica permanecem a ser referenciados em produções recentes.

A segunda observação remete, de certo modo, à forma de consumo dessas imagens. O cinema é um espaço físico próprio, que implica em um movimento cercado de subjetivas regras de sociabilidade para sua frequentação. O tempo que se passa no escuro da sala de projeção costuma desconectar o espectador da realidade e, por isso, o filme tende a impactá-lo mais profundamente. Por outro lado, a televisão é assistida ou no âmbito doméstico ou público, como em salas de espera ou restaurantes. O resultado da naturalização do assistir TV é a superficialidade da apreensão do que foi assistido. A concentração é frequentemente difusa ou facilmente interrompida a um novo estímulo, como uma conversa, um telefonema ou a ida ao banheiro. Assim, não é de surpreender que, muitas vezes, lembramos de uma trama assistida em uma sessão de cinema ocorrida há muito tempo, enquanto não recordamos o que foi visto na TV há poucos dias.

Isso não significa que a televisão esteja em uma posição de inferiorização, ao contrário. A educação não pode abrir mão da televisão, hoje uma referência cultural. Tanto que há muitos cursos educacionais desenvolvidos para essa plataforma. São muitas, portanto, as possibilidades do uso de programas televisivos para o ensino de história, não obstante as peculiaridades dessa produção audiovisual. A exibição de filmes na grade de programação, as séries televisivas e o telejornalismo se destacam. Para o caso da televisão brasileira, Marcos Napolitano chama a atenção, ainda, para a teledramaturgia, haja vista o papel ocupado pelas novelas em nossa cultura, além da qualidade técnica desenvolvida nesse tipo de produção.[93] Muitas

---

[93] NAPOLITANO, Marcos. A televisão com documento. In.: BITTENCOURT, Circe (Org.). *O saber histórico na sala de aula*. 7. ed. Contexto: São Paulo, 2002, p. 150.

Procurando pistas, construindo conexões:
a difusão do conhecimento histórico

produções desse tipo foram cercadas de sucesso de audiência, abordando temas da história do Brasil colonial e imperial, em que as relações presentes na sociedade se sobressaíam. Outras temáticas históricas frequentadas foram a imigração italiana e as tramas que se passam no contexto das décadas de 1920 e 1930.

Apesar de ser uma obra em construção, cuja exibição por meses consecutivos a torna sujeita à reorientação na trama de acordo com sua audiência, a telenovela de época se assemelha à produção de um filme com temática histórica, exigindo a escolha do tema a partir de um conhecimento prévio, buscado em fontes vindas da produção acadêmica ou didática. Ainda que a liberdade poética de abordagem do tema histórico seja mais recorrente para adaptar a trama ao gosto da audiência e das pressões econômicas dos patrocinadores, esse tipo de produção também promove a divulgação de aspectos da história e ajuda a estabelecer um debate sobre o período abordado.

Um clássico exemplo do papel da novela para o debate histórico é a novela A escrava Isaura. Adaptação do livro de Bernardo Guimarães,[94] a novela foi exibida entre 1976 e 1977, e se constituiu em um dos maiores sucessos da televisão brasileira. A trama conta a história de uma moça branca, escrava por nascimento, perseguida por seu tirânico senhor, algo que nunca apareceu como situação possível nos livros didáticos e nas aulas de História nas escolas, mas faz parte do conjunto de conhecimentos sobre a história do Brasil presente na memória coletiva de parte considerável da população.

A abertura da novela foi estruturada em uma sucessão de pinturas de Jean Baptiste Debret e algumas imagens receberam pequenos efeitos para criar a ilusão de movimento das cenas retratadas. A técnica parece provocar uma espécie de experiência sensorial, como se o espectador vivenciasse uma história ilustrada. A música, composta por Dorival Caymi e Jorge Amado, passou a ser associada ao trabalho árduo. A repetição

---

[94] A adaptação foi feita por Gilberto Braga e a novela, dirigida por Herval Rossano.

diária da abertura da novela, com elementos da pintura oito-
centista sonorizados pela música tema, reforçou a cena como
uma representação cultural da escravidão.

Um interessante indício dessa dimensão de divulgação
da história foi identificado numa pesquisa que, tendo como
objetivo investigar as formas de circulação e apropriação do
saber histórico escolar, coletou depoimentos de pessoas que
frequentaram os ensinos fundamental e médio entre 1971 e
1983, durante o Regime Militar, coincidindo com a época de
transmissão de algumas das mais célebres telenovelas da TV
brasileira, ambientadas no período escravista. Procurava-se,
num primeiro momento, pelas possíveis associações que os
entrevistados fariam entre suas memórias sobre aquele saber e
os processos de aprendizagem da disciplina História na escola,
por meio dos livros didáticos então utilizados e das práticas
pedagógicas dos professores. Ao lado disso, os entrevistados
indicaram haver uma percepção razoavelmente clara de que
outros difusores do conhecimento histórico tinham expressiva
responsabilidade na conformação dessa memória. Um dos
entrevistados, por exemplo, afirmou:

> Com relação à escravidão eu não sei se o que eu me
> lembro é de escola mesmo, ou se é de ver muito na tele-
> visão. Mas que houve a exploração, assim, "inumana"
> se eu posso dizer, dos negros africanos principalmente,
> dos índios também, mas principalmente dos negros,
> eles tinham uma vida sub-humana. Nas senzalas eles
> eram muito machucados, né? As mulheres exploradas
> sexualmente, até usavam desse aspecto para ter um
> certo... algumas pequenas regalias, por assim dizer,
> mas que na situação delas não era de se considerar
> regalias. Então foi uma coisa assim, foi uma parte ne-
> gra da nossa história a questão da escravidão. [...] Eu
> gosto muito de ver filmes que falam sobre a escravidão
> nesse período, mas ele é muito tenebroso, a gente sabe
> que existia nessa época até escravos brancos, filhos de

pessoas... pais brancos com negros que, se saíam para o lado branco, se tornariam escravos, mesmo sem ter a cor da pele... mestiça. Então um lado muito ruim deu origem a um povo lindo que é o povo brasileiro. Essa miscigenação de raças... Não tem lugar no mundo que tem uma pessoa de pele negra com os olhos claros ou que tem um negro de traços delicados... Então o povo brasileiro é um povo unido, graças a esses negros que vieram para o Brasil devido à escravidão...[95]

É interessante como esse depoimento indica, em dois momentos, a possível influência da televisão, aliás reconhecida pelo próprio entrevistado. A sua afirmação de que as mulheres escravas procuravam se beneficiar mesmo no contexto da exploração sexual a que estavam submetidas, remete-nos a recentes estudos da historiografia brasileira. Como as pessoas entrevistadas falavam de suas memórias de estudantes dos ensinos fundamental e médio em meados da década de 1970, não poderiam ter tido acesso a essa interpretação naquele momento. Mesmo nos dias atuais, não é muito comum que se faça esse tipo de discussão na escola, e nem que essas inovações historiográficas já estejam bastante disseminadas no ensino de História. No entanto, algumas telenovelas produzidas posteriormente mostraram essas situações, em que escravas usaram as relações com seus senhores ou com outros homens brancos em busca de benefícios, sobretudo materiais.[96]

A ideia de ilustrar o passado é um risco real ao se trabalhar temáticas históricas com o audiovisual. A mobilização e a apropriação de variados suportes narrativos sobre a história,

---

[95] FIGUEIREDO, Fernanda Coelho Soares. *A presença do livro didático de História no cotidiano escolar: práticas escolares e concepção de História no Regime Militar (1971-1983)*. Revista Iniciação Científica Newton Paiva, Belo Horizonte, v. 3, 2001/2002. Depoimento 007, em 1 de abril de 2002. Agradeço a Fernanda C. S. Figueiredo a gentileza de ceder parte do seu material de pesquisa para este texto.

[96] Ver, por exemplo, o caso das novelas Xica da Silva (Rede Manchete, 1996) e Força de um desejo (Rede Globo, 2000).

seja do campo literário, iconográfico, musical ou acadêmico, precisa ser processada de maneira cuidadosa, de modo a evitar o fetichismo do uso de tecnologias para o ensino de História. Isso não significa que a educação do conhecimento histórico deva se restringir à produção acadêmica ou didática, evitando outros suportes narrativos para estimular o debate e a pesquisa em História. Conforme vimos, a ideia de história pública não procura hierarquizar os saberes/narrativas, mas explorar suas possibilidades. Os avanços tecnológicos, inclusive, têm permitido ampliar a produção e o alcance do conhecimento histórico, cabendo aos responsáveis por sua circulação problematizá-lo e, assim, qualificar o processo educativo.

Ainda são poucas as pesquisas sobre as apropriações do conhecimento histórico escolar e sobre sua permanência na memória coletiva. As investidas nesse campo de investigação indicam a pertinência desse tipo estudo, pois trata-se não apenas de buscar compreender de que forma o saber histórico escolar é apreendido por aqueles que passam pela escola, mas também de como ele passa a fazer parte de um imaginário coletivo sobre a história do Brasil, alimentado por informações que o reforçam e que são provenientes de um universo extraescolar. Trata-se, na verdade, de analisar as diversas direções seguidas por esse saber, de sua origem acadêmica passando por sua transformação na escola, sua apropriação no interior dela e sua circulação fora dela; de como a escola também se reapropria do saber já transformado pelos mecanismos não escolares de difusão do conhecimento. Enfim, de como um saber que é reconhecido como produto da reflexão acadêmica encontra-se também formado por experiências individuais e coletivas nem sempre consideradas pela academia, mas que se mesclam e se confundem nas práticas culturais.

Empreender esse tipo de investigação implica numa exploração cuidadosa das fontes possíveis para a verificação de elementos presentes no movimento de circulação e de apropriação do saber histórico escolar. Não basta para isso ter em mãos programas curriculares, livros didáticos e orientações metodológicas para o ensino de História. O material produzido e utilizado no cotidiano escolar – cadernos e trabalhos de alunos, fotografias, desenhos, cartazes, programação de comemorações cívicas, provas, etc. – constitui um conjunto de fontes de importância capital para uma pesquisa como esta. Além disso, revistas, jornais, peças publicitárias, programas de rádio e de televisão, são ainda outras fontes necessárias para a montagem de um quebra-cabeças que nos permita compreender a movimentação do saber histórico em diferentes dimensões da sociedade. Para períodos mais recentes, é possível ainda lançar mão das experiências pessoais como forma de apreensão de suas relações com o conhecimento histórico e de sua permanência como parte da memória.

Estudos que considerem esses aspectos são instrumentos de grande relevância para a compreensão do longo processo de construção do conhecimento histórico no Brasil, de sua constituição como conhecimento escolar e de seu papel na formação cultural brasileira. Por isso é importante que, além das análises de caráter puramente metodológico sobre o ensino de História e que, em geral, procuram, no presente, propostas para o desenvolvimento desse ensino, seja necessário estudá-lo no seu movimento histórico, desde a constituição da História como disciplina escolar e acadêmica no Brasil. Isso incluiria, ainda, uma dimensão praticamente ignorada por nossos pesquisadores das relações entre o ensino de História nos cursos de graduação – que formam os professores de História – e nos níveis fundamental e médio. A história da formação dos professores de História e dos historiadores é praticamente desconhecida e é, sem dúvida, um elo a mais na cadeia que nos permitiria compreender mais claramente um amplo espectro de situações que, na sociedade brasileira, têm relação direta ou indireta com as experiências escolares, em particular com o estudo da História na escola.

Encerrando... para começar

Há muito o que fazer a respeito da história do ensino de História para se ter pretensões conclusivas. Estamos diante de terreno fértil, pronto a fazer brotar dimensões pouco conhecidas dessa história. Os professores dos ensinos fundamental e médio, por mais que conheçam sua matéria e que dominem os métodos de ensino, ainda refletem muito pouco sobre a natureza do conhecimento que têm em mãos, como vem se constituindo, com que objetivos tem sido ensinado, a que interesses tem servido, que funções sociais pode agregar.

Os historiadores profissionais, quase sempre também professores no ensino superior, verticalizam cada vez mais o estudo de seus próprios objetos e sua reflexão acerca da História como campo do conhecimento circunscreve-se às discussões teóricas e historiográficas, o que certamente não é pouco. No entanto, pensam mais raramente na história de como eles próprios chegaram ao mundo da pesquisa e do ensino, sobre as possibilidades de terem sido influenciados por alguma coisa que neles lampejou numa aula de História, há muito tempo. Pensam, menos ainda, se sua atuação como pesquisadores e professores mudou substancialmente suas concepções sobre a História e sobre seu ensino e de que maneira influenciam seus alunos, os futuros professores e historiadores.

Talvez este livro fustigue algumas dessas questões e estimule velhos e jovens historiadores e professores de História a olhar seu próprio caminho, reconhecer-lhe as trilhas, os obstáculos, as pequenas pedras, os encontros, os passantes, as paisagens.

Fontes de pesquisa

Livros didáticos

ALENCAR, Chico *et al*. *História da sociedade brasileira*. Rio de Janeiro: Ao Livro Técnico, 1980.

AQUINO, Rubim Santos Leão de et al. *História das Sociedades*. Rio de Janeiro: Ao Livro Técnico, 1978.

BANDECCHI, Brasil. *Epítome de História da Civilização Brasileira*. São Paulo: Samambaia, 1966.

BILAC, Olavo & NETO, Coelho. *Educação Moral e Cívica: a Pátria Brasileira para os alunos das escolas primárias*. 28 ed. Rio de Janeiro: Livraria Francisco Alves, 1957.

COTRIM, Gilberto. *História & Consciência*. São Paulo: Saraiva, 1989.

DREGUER, Ricardo & TOLEDO, Eliete. *História: cotidiano e mentalidades*. São Paulo: Atual, 1995.

FARIA, Hélio. *Joaquim José: a história de Tiradentes para crianças*. Belo Horizonte: Secretaria de Estado da Educação de Minas Gerais, 2001.

LOBO, R. Haddock. *Pequena História do Brasil – Para o curso primário, com indicações dos principais fatos de nossa vida econômica*. 2 ed. São Paulo: Melhoramentos, 1957.

MARQUES, Adhemar; BERUTTI, Flávio; FARIA, Ricardo. *Construindo a História*. Belo Horizonte: Lê, 1988

MARQUES, Adhemar; BERUTTI, Flávio; FARIA, Ricardo. *Os caminhos do homem*. Belo Horizonte: Lê, 1991.

MONTELATTO, Andrea; CABRINI, Conceição; CATELLI JÚNIOR, Roberto. *História temática*. São Paulo: Scipione, 2000.

MOTA, Carlos Guilherme; LOPEZ, Adriana. *História & Civilização*. 2 ed. São Paulo: Ática, 1995

NADAI, Elza & NEVES, Joana. *História do Brasil – 1º. grau*. São Paulo: Saraiva, 1987.

PILETTI, Nelson & PILETTI, Claudino. *História & Vida*. 11 ed. São Paulo: Ática, 1997.

POMBO, Rocha. *História do Brasil para o ensino secundário*. 19 ed. São Paulo: Companhia Melhoramentos, [S/d]. (A primeira edição é de 1918).

SILVA, Francisco de Assis. *História do homem: abordagem integrada da História Geral e do Brasil*. São Paulo: Moderna, 1996

VIANA, Artur Gaspar. *História do Brasil para a 3ª série ginasial*. São Paulo: Editora do Brasil, 1944.

VICENTINO, Cláudio. *História Integrada*. São Paulo: Scipione, 1998

Documentos Impressos

INSTRUÇÕES para os Professores de Gramática Latina, Grega, Hebraica, e de Retórica, ordenadas e mandadas publicar, por El Rei Nosso Senhor, para o uso nas Escolas novamente fundadas nestes Reinos, e seus Domínios. Lisboa, Na oficina de Miguel Rodrigues, Impressor do Eminentíssimo Senhor Cardeal Patriarca, MDCCLIX. *Apud* CARDOSO, Tereza Maria Rolo Fachada Levy. *As luzes da educação: fundamentos, raízes históricas e prática das aulas régias no Rio de Janeiro (1759-1834)*. Bragança Paulista: Ed. da USF, 2002. p. 304.

DECRETO-LEI no. 68.065, 14/01/1971 - C.F.E. *Apud* FONSECA, Selva Guimarães. *Caminhos da História ensinada*. Campinas, SP: Papirus, 1993. p. 37.

HYMNARIO ESCOLAR. Belo Horizonte: Imprensa Oficial do Estado de Minas Gerais, 1926.

KUBITSCHEK, Juscelino. *Realidades, perspectivas: discursos*. Belo Horizonte: Publicações da Secretaria da Educação do Estado de Minas Gerais, [S/d].

MEU HINÁRIO. Belo Horizonte: Imprensa Oficial, 1938.

MINAS GERAIS. Secretaria de Estado da Educação. Programa de Ensino de Primeiro Grau – Estudos Sociais, 1975.

SECRETARIA DE ESTADO DA EDUCAÇÃO DE MINAS GERAIS. Programa de História – 1º e 2º graus. Belo Horizonte, julho 1987.

Fontes manuscritas

PROGRAMA de festividades escolares. Grupo Escolar Barão do Rio Branco, Belo Horizonte, 1948. Museu da Escola de Minas Gerais. Centro de Referência do Professor/Secretaria de Estado da Educação de Minas Gerais.

Jornais

Jornal do Brasil. Rio de Janeiro, 1937.
Estado de Minas. Belo Horizonte, 1940-1950.
Diário de Minas. Belo Horizonte, 1950.

Referências

ADÃO, Áurea. *Estado absoluto e ensino das primeiras letras: as escolas régias (1772-1794)*. Lisboa: Fundação Calouste Gulbenkian, 1997.

ALMEIDA, Juniele Rabêlo; ROVAI, Marta Gouveia de Oliveira (Orgs.). *Introdução à História Pública*. São Paulo: Letra e Voz, 2011.

ANDRADE, António Alberto Banha de. *A reforma pombalina dos estudos secundários no Brasil (1769-1771)*. São Paulo: Ed. da USP; Saraiva, 1978.

BITTENCOURT, Circe Maria Fernandes. *Livro didático e conhecimento histórico: uma história do saber escolar*. São Paulo: USP, 1993. Tese (Doutorado em História Social) – Programa de Pós-Graduação em História Social, Faculdade de Filosofia, Letras e Ciências Humanas, Universidade de São Paulo, São Paulo, 1993.

BITTENCOURT, Circe Maria Fernandes. Livros didáticos entre textos e imagens. In: BITTENCOURT, Circe (Org.). *O saber histórico na sala de aula*. São Paulo: Contexto, 1997.

BITTENCOURT, Circe Maria Fernandes. *Ensino de História: fundamentos e métodos*. São Paulo: Cortez, 2004.

BONETT, Margarita Moreno. Del catecismo religioso al catecismo civil: la educación como derecho del hombre. In: LORA, Maria Esther Aguirre (Org.). *Rostros históricos de la educación: miradas, estilos, recuerdos*. México, D. F.: Centro de Estudios sobre la Universidad de la UNAM/ Fondo de Cultura Económica, 2001.

BOTO, Carlota. *A escola do homem novo: entre o Iluminismo e a Revolução Francesa*. São Paulo: Ed. da UNESP, 1996.

BOURDÉ, Guy; MARTIN, Herr. *As escolas históricas*. Lisboa: Publicações Europa-América, 1990.

BURKE, Peter (Org.). *A escrita da história: novas perspectivas*. 2 ed. São Paulo: Ed. da UNESP, 1992.

CAMBI, Franco. *História da Pedagogia*. São Paulo: Ed. da UNESP, 1999.

CAPELATO, Maria Helena Rolim. *Multidões em cena: propaganda política no varguismo e no peronismo*. Campinas, SP: Papirus, 1998.

CARDOSO, Oldimar. Concepções sobre função social da História em revistas de divulgação científica. In: ANPUH – SIMPÓSIO NACIONAL DE HISTÓRIA, 25., 2009, Fortaleza. *Anais...* Fortaleza, 2009. p. 5760-5765.

CARDOSO, Tereza Maria Rolo Fachada Levy. *As luzes da educação: fundamentos, raízes históricas e prática das aulas régias no Rio de Janeiro (1759-1834)*. Bragança Paulista: Ed. da USF, 2002.

CARVALHO, José Murilo de. *A formação das almas: o imaginário da República no Brasil*. São Paulo: Companhia das Letras, 1990.

CARVALHO, Laerte Ramos de. *As reformas pombalinas da instrução pública*. São Paulo: Saraiva; Ed. da USP, 1978.

CERRI, Luis Fernando. *Ensino de História e nação na propaganda do milagre econômico – Brasil: 1969-1973*. Campinas: UNICAMP, 2000. Tese (Doutorado em Educação) – Programa de Pós-Graduação em Educação, Faculdade de Educação, Universidade Estadual de Campinas, 2000.

CERTEAU, Michel de. *A escrita da história*. Rio de Janeiro: Forense-Universitária, 1982.

CHALHOUB, Sidney. *Visões da liberdade: uma história das últimas décadas da escravidão na Corte*. São Paulo: Companhia das Letras, 1990.

CHARTIER, Roger. *A História Cultural: entre práticas e representações*. Lisboa: Difel, 1990.

CHERVEL, André. História das disciplinas escolares: reflexões sobre um campo de pesquisa. *Teoria & Educação*, n. 2, 1990. p. 177-229.

CITRON, Suzanne. *Ensinar a História hoje: a memória perdida e reencontrada*. Lisboa: Livros Horizonte, 1990.

CONDORCET, Jean-Antoine Nicolas de Caritat. *Cinco memórias sobre a instrução pública*. São Paulo: Ed. da UNESP, 2008.

Referências

FARIA FILHO, Luciano Mendes de. Instrução elementar no século XIX. In: LOPES, Eliane Marta Teixeira; FARIA FILHO, Luciano Mendes; VEIGA, Cynthia Greive (Orgs.). *500 anos de educação no Brasil*. Belo Horizonte: Autêntica, 2000.

FELICE, Pamela Olivares. *Rapports "textes-images": quelques observations concenant des manuels d'Histoire du Chili*. Tours: CIREMIA/ Universidad François Rabelais, 1999 (mimeo).

FERREIRA, Rodrigo de Almeida. *Cinema, História Pública e Educação: circularidade do conhecimento histórico em Xica da Silva (1976) e Chico Rei (1985)*. Belo Horizonte: UFMG, 2014. Tese (Doutorado em Educação) – Programa de Pós-Graduação em Educação, Faculdade de Educação, Universidade Federal de Minas Gerais, 2014.

FERRO, Marc. *Cinema e história*. São Paulo: Paz e Terra, 1992.

FIGUEIREDO, Fernanda Coelho Soares. *A presença do livro didático de História no cotidiano escolar: práticas escolares e concepção de História no Regime Militar (1971-1983)*. Revista Iniciação Científica Newton Paiva, Belo Horizonte, v. 3, 2001/2002.

FIGUEIREDO, Luciano Raposo de Almeida. *O avesso da memória: cotidiano e trabalho da mulher em Minas Gerais no século XVIII*. Rio de Janeiro: José Olympio: Brasília: Ed. da UnB, 1993.

FONSECA, Selva Guimarães. *Caminhos da História ensinada*. Campinas, SP: Papirus, 1993.

FONSECA, Thais Nivia de Lima e. *Os combates pelo ensino de História: novas questões, velhas estratégias*. Belo Horizonte: UFMG, 1996. Dissertação (Mestrado em Educação) – Programa de Pós-Graduação em Educação, Faculdade de Educação, Universidade Federal de Minas Gerais, Belo Horizonte, 1996.

FONSECA, Thais Nivia de Lima e. "Ver para compreender": arte, livro didático e a história da nação. In: SIMAN, Lana Mara de Castro; FONSECA, Thais Nivia de Lima e (Orgs.). *Inaugurando a História e construindo a nação: discursos e imagens no ensino de História*. Belo Horizonte: Autêntica, 2001.

FONSECA, Thais Nivia de Lima e. *Da infâmia ao altar da pátria: memória e representações da Inconfidência Mineira e de Tiradentes*. São Paulo: USP, 2001. Tese (Doutorado em História Social) – Programa de Pós-Graduação em História Social, Faculdade de Filosofia, Letras e Ciências Humanas, Universidade de São Paulo, São Paulo, 2001.

FONSECA, Thais Nivia de Lima e. Ouro e heróis nas representações da Inconfidência Mineira. *Varia História*. Departamento de História, Programa de Pós-Graduação em História, FAFICH/UFMG, n. 24, jan. 2001.

FONSECA, Thais Nivia de Lima e. Festas cívicas e universo cultural: Minas Gerais no século XIX. In: PAIVA, Eduardo França; ANASTASIA, Carla Maria Junho (Orgs.). *O trabalho mestiço: maneiras de pensar e formas de viver – séculos XVI a XIX*. São Paulo: Annablume; PPGH/UFMG, 2002.

FONSECA, Thais Nivia de Lima e; VEIGA, Cynthia Greive (Orgs.). *História e Historiografia da Educação no Brasil*. Belo Horizonte: Autêntica, 2003.

FONSECA, Thais Nivia de Lima e. "O método pedagógico dos jesuítas. O "Ratio Studiorum". Introdução e Tradução. In: XAVIER, Maria do Carmo (Org.). *Clássicos da Educação Brasileira*. Belo Horizonte: Mazza Edições, 2010.

FONSECA, Thais Nivia de Lima e. *O ensino régio na Capitania de Minas Gerais (1772-1814)*. Belo Horizonte: Autêntica, 2010.

FONSECA, Thais Nivia de Lima e. Mídias e divulgação do conhecimento histórico. *Revista Aedos*. Porto Alegre, UFRGS, n. 11, v. 4, p. 129-140, set. 2012.

FORQUIN, Jean-Claude. Saberes escolares, imperativos didáticos e dinâmicas sociais. *Teoria & Educação*, n. 5, 1992.

FORQUIN, Jean-Claude. *Escola e cultura: as bases sociais e epistemológicas do conhecimento escolar*. Porto Alegre: Artes Médicas, 1993.

FRANCO, Stella Maris Scatena. *Luzes e sombras na construção da nação argentina: os manuais de História nacional (1868-1912)*. Bragança Paulista, SP: EDUSF, 2003.

FURET, François. O nascimento da História. In: *A oficina da História*. Lisboa: Gradiva, [S/d].

GASPARELLO, Arlete Medeiros. *Construtores de identidades: a pedagogia da nação nos livros didáticos da escola secundária brasileira*. São Paulo: Iglu, 2004.

GAULUPEAU, Yves. L'histoire en images à l'école primaire: un exemple: La Révolution française dans les manuels élémentaires (1870-1970). *Histoire de l'Éducation*. Paris, n. 30, mai 1986.

Referências

GIOLITTO, Pierre. *Histoire de l'école.* Paris: Éditions Imago, 2003.

GOMES, Angela de Castro. *História e historiadores: a política cultural do Estado Novo.* Rio de Janeiro: Fundação Getúlio Vargas, 1996.

GOODSON, Ivor F. La construcción del currículum: posibilidades y ambitos de investigación de la Historia del currículum. *Revista de Educación.* Madrid, n. 295, mayo/agosto 1991.

HAIDAR, Maria de Lourdes Mariotto. *O ensino secundário no Brasil Império.* 2 ed. São Paulo: EDUSP, 2008.

HAMILTON, David. De la instrucción simultánea y el nacimiento de la clase en el aula. *Revista de Educación.* Madrid, n. 296, set. 1991.

HANSEN, João Adolfo. *Ratio Studiorum* e política católica ibérica no século XVII. In: VIDAL, Diana Gonçalves; HILSDORF, Maria Lúcia Spedo (Orgs.). *Brasil 500 anos: tópicas em História da Educação.* São Paulo: EDUSP, 2001. p. 13-41.

HÉBRARD, Jean. A escolarização dos saberes elementares na época moderna. *Teoria & Educação,* n. 2, 1990. p. 65-110.

HOLLANDA, Guy de. *Um quarto de século de programas e compêndios de História para o ensino secundário brasileiro (1931-1956).* Rio de Janeiro: Instituto Nacional de Estudos Pedagógicos, 1957.

JULIA, Dominique. Disciplinas escolares: objetivos, ensino e apropriação. In: LOPES, Alice Casimiro & MACEDO, Elizabeth (Orgs.). *Disciplinas e integração curricular: história e políticas.* Rio de Janeiro: DP&A, 2002. p. 37-71.

JULIA, Dominique. A cultura escolar como objeto histórico. *Revista Brasileira de História da Educação.* Campinas, SP: Sociedade Brasileira de História da Educação: Autores Associados, n. 1, jan./jun. 2001. p. 9-43.

KEDDIE, Nell. O saber na sala de aula. In: GRÁCIO, S.; STOER, S. *Sociologia da Educação II: a construção social das práticas educativas.* Lisboa: Livros Horizonte, 1982.

KREUTZ, Lúcio. A educação de imigrantes no Brasil. In: LOPES, Eliane Marta Teixeira; FARIA FILHO, Luciano Mendes de; VEIGA, Cynthia Greive (Orgs.). *500 anos de Educação no Brasil.* Belo Horizonte: Autêntica, 2000.

LAGNY, Michèle. *Cine e historia: Problemas y métodos en la investigación histórica.* Barcelona: Bosch, 1997

LARA, Silvia Hunold. *Campos da violência: escravos e senhores na capitania do Rio de Janeiro (1750-1808)*. Rio de Janeiro: Paz e Terra, 1988.

LARA, Silvia Hunold. *Fragmentos setecentisas*. *Escravidão, cultura e poder na América portuguesa*. São Paulo: Companhia das Letras, 2007.

LEBRUN, François *et al*. *Histoire de l'enseignement et de l'éducation (1480-1789)*. Paris: Éditions Perrin, 1981.

LE GOFF, Jacques. *Mercadores e banqueiros da Idade Média*. São Paulo: Martins Fontes, 1991.

LIBBY, Douglas Cole. *Transformação e trabalho em uma economia escravista: Minas Gerais no século XIX*. São Paulo: Brasiliense, 1988.

LOPES, Eliane Marta Teixeira. *Perspectivas históricas da educação*. 2 ed. São Paulo: Ática, 1989.

LOPES, Eliane Marta Teixeira. *As origens da educação pública*. *A instrução na Revolução Burguesa do século XVIII*. Belo Horizonte: Argvumetvm, 2008.

LOPES, Eliane Marta Teixeira; GALVÃO, Ana Maria de Oliveira. *História da Educação*. Rio de Janeiro: DP&A, 2001.

MARTINS, Maria do Carmo. *A história prescrita e disciplinada nos currículos escolares: quem legitima esses saberes?* Bragança Paulista: EDUSF, 2002.

MATTOS, Selma Rinaldi de. *O Brasil em lições: a história como disciplina escolar em Joaquim Manoel de Macedo*. Rio de Janeiro: Access, 2000.

MAXWELL, Kenneth. *Marquês de Pombal: paradoxo do Iluminismo*. 2 ed. Rio de Janeiro: Paz e Terra, 1997.

MELO, Ciro Flávio Bandeira de. *Senhores da História: a construção do Brasil em dois manuais didáticos de História na segunda metade do século XIX*. São Paulo: USP, 1997. Tese (Doutorado em Educação) – Programa de Pós-Graduação em Educação, Faculdade de Educação, Universidade de São Paulo, São Paulo, 1997.

MORETTIN, Eduardo Victório. *Humberto Mauro, cinema, história*. São Paulo: Alameda, 2013.

MUNAKATA, Kazumi. História que os livros didáticos contam, depois que acabou a ditadura no Brasil. In: FREITAS, Marcos Cezar

Referências

de (Org.). *Historiografia brasileira em perspectiva*. São Paulo: Contexto, 1998. p. 271-296.

MUNAKATA, Kazumi. *Produzindo livros didáticos e paradidáticos*. São Paulo: PUC-SP, 1997. Tese (Doutorado em História e Filosofia da Educação) – Faculdade de Ciências Sociais, Pontifícia Universidade Católica de São Paulo, São Paulo, 1997.

NAPOLITANO, Marcos. A televisão com documento. In: BITTENCOURT, Circe (Org.). *O saber histórico na sala de aula*. 7. ed. Contexto: São Paulo, 2002, p. 150.

NOGUEIRA, Maria Alice. A Sociologia da Educação no final dos anos 60/ início dos anos 70: o nascimento do paradigma da reprodução. *Em Aberto*. Brasília, ano 9, n. 46, abr./jun. 1990.

NORA, Pierre. Lavisse, instituteur national. In: NORA, Pierre (dir). *Les lieux de mémoire*. Paris: Quarto/Gallimard, 1997.

NUNES, Clarice; CARVALHO, Marta Maria Chagas de. Historiografia da educação e fontes. *Cadernos ANPED*, n. 5, set. 1993, p. 7-64.

OZOUF, Jacques & OZOUF, Mona. "Le tour de la France par deux enfants": le petit livre rouge de la République. In: NORA, Pierre (dir). *Les lieux de mémoire*. Paris: Quarto/Gallimard, 1997.

PAIVA, Eduardo França. *Escravidão e universo cultural na colônia*: *Minas Gerais, 1716-1789*. Belo Horizonte: Ed. da UFMG, 2001.

PAIVA, José Maria de. Educação jesuítica no Brasil colonial. In: LOPES, Eliane Marta Teixeira; FARIA FILHO, Luciano Mendes; VEIGA, Cynthia Greive (Orgs.). *500 anos de educação no Brasil*. Belo Horizonte: Autêntica, 2000. p. 43-59.

QUATTROCCHI-WOISSON, Diana. *Un nationalisme de déracinés*: *L'Argentine, pays malade de sa mémoire*. Paris: Éditions du CNRS, 1992.

REIS, José Carlos. *A história, entre a filosofia e a ciência*. São Paulo: Ática, 1996.

REZNIK, Luis. Tecendo o amanhã. *A História do Brasil no ensino secundário: programas e livros didáticos (1931-1945)*. Niterói: UFF, 1992. Dissertação (Mestrado em História) – Programa de Pós-Graduação em História, Área de História, Universidade Federal Fluminense, 1992.

ROCHA, Ubiratan. Proposta curricular do município do Rio de Janeiro: por que trabalhar com eixos conceituais em História? In:

MONTEIRO, John Manuel; BLAJ, Ilana (Orgs.). *História & Utopias*. São Paulo: Associação Nacional de História, 1996.

ROGGERO, Marina. Éducation. In: FERRONE, Vincenzo; ROCHE, Daniel (dir). *Le monde des lumières*. Paris: Fayard, 1999.

ROSENSTONE, Robert A. *A história nos filmes. Os filmes na História*. São Paulo: Paz e Terra, 2010.

SANTOS, Lorene dos. *Saberes e práticas em redes de trocas: a temática africana e afro-brasileira em questão*. Belo Horizonte: UFMG, 2010. Tese (Doutorado em Educação) – Programa de Pós-Graduação em Educação, Faculdade de Educação, Universidade Federal de Minas Gerais, Belo Horizonte, 2010.

SCHEMES, Cláudia. *Festas cívicas e esportivas: um estudo comparativo dos governos Vargas (1937-1945) e Perón (1946-1955)*. Novo Hamburgo, RS: Feevale Ed, 2005.

SCHWARTZMAN, Simon; BOMENY, Helena Maria Bousquet; COSTA, Vanda Maria Ribeiro. *Tempos de Capanema*. 2 ed. São Paulo: Paz e Terra; Fundação Getúlio Vargas, 2000.

SIMAN, Lana Mara de Castro. Pintando o descobrimento: o ensino de História e o imaginário de adolescentes. In: SIMAN, Lana Mara de Castro; FONSECA, Thais Nivia de Lima e (Orgs.). *Inaugurando a História e construindo a nação: discursos e imagens no ensino de História*. Belo Horizonte: Autêntica, 2001.

SIMAN, Lana Mara de Castro; FONSECA, Thais Nivia de Lima e (Orgs.). *Inaugurando a História e construindo a nação: discursos e imagens no ensino de História*. Belo Horizonte: Autêntica, 2001.

SIMIS, Anita. *Estado e Cinema no Brasil*. 2 ed. São Paulo: Annablume, 2008.

SOUZA, Eliezer Raimundo de. *Saber acadêmico e saber escolar: a História do Brasil, da historiografia à sala de aula na primeira metade do século XX*. Belo Horizonte: UFMG, 2008. Dissertação (Mestrado em Educação) – Programa de Pós-Graduação em Educação, Faculdade de Educação, Universidade Federal de Minas Gerais, Belo Horizonte, 2008.

TENORTH, Heinz-Elmar. Contenido y continente de la historia social de la educación: lo que nos enseña la investigación histórica reciente acerca del sistema educativo alemán. *Revista de Educación*. Madrid, n. 296, mayo/agosto 1991.

Referências

VASCONCELOS, Agripa. *Chico Rei*. Belo Horizonte: Itatiaia, 1966.

VAZ, Aline Choucair. Festas cívicas o Estado Novo: rituais de poder no imaginário mineiro (1937-1945). *Revista de Iniciação Científica 2000/2001*. Belo Horizonte: Centro Universitário Newton Paiva, 2002.

VAZ, Aline Choucair. *A escola em tempos de festa: poder, cultura e práticas educativas no Estado Novo (1937-1945)*. Belo Horizonte: UFMG, 2006. Dissertação (Mestrado em Educação) – Programa de Pós-Graduação em Educação, Faculdade de Educação, Universidade Federal de Minas Gerais, Belo Horizonte, 2006.

VAZ, Aline Choucair. *Política, trabalho e intolerância: ensino primário e as práticas educativas em Minas Gerais (1930-1954)*. Belo Horizonte: UFMG, 2012. Tese (Doutorado em Educação) – Programa de Pós-Graduação em Educação, Faculdade de Educação, Universidade Federal de Minas Gerais, Belo Horizonte, 2012.

YOUNG, Michael. Uma abordagem do estudo dos programas enquanto fenômenos do conhecimento socialmente organizado. In: GRÁCIO, S.; STOER, S. *Sociologia da Educação II: a construção social das práticas educativas*. Lisboa: Livros Horizonte, 1982.

OUTROS TÍTULOS DA COLEÇÃO
História &... Reflexões

História & Audiovisual
   Autor: Rafael Rosa Hagemeyer

História & Documento e metodologia de pesquisa
   Autoras: Eni de Mesquita Samara e Ismênia S. Silveira T. Tupy

História & Fotografia
   Autora: Maria Eliza Linhares Borges

História & Gênero
   Autora: Andréa Lisly Gonçalves

História & História Cultural
   Autora: Sandra Jatahy Pesavento

História & Imagens
   Autor: Eduardo França Paiva

História & Livro e Leitura
   Autor: André Belo

História & Modernismo
   Autora: Monica Pimenta Velloso

COLEÇÃO "HISTÓRIA &... REFLEXÕES"

História & Música
Autor: Marcos Napolitano

História & Natureza
Autora: Regina Horta Duarte

História & Religião
Autor: Sérgio da Mata

História & Sociologia
Autor: Flávio Saliba Cunha

História & Turismo Cultural
Autor: José Newton Coelho Meneses

História, Região & Globalização
Autor: Afonso de Alencastro Graça Filho

Este livro foi composto com tipografia minion pro e impresso
em papel Off Set 75 g/m² na Formato Artes Gráficas.